DUDEN
Schülerhilfen

Aufsatz/Erörterung

DUDEN Schülerhilfen

DEUTSCH

Aufsatz 1
2. und 3. Schuljahr

Aufsatz 2
3. und 4. Schuljahr

Aufsatz/Beschreibung
7. bis 10. Schuljahr

Aufsatz/Inhaltsangabe
7. bis 9. Schuljahr

Aufsatz/Bericht
8. bis 10. Schuljahr

Aufsatz/Erörterung
8. bis 10. Schuljahr

Schreibspiele
ab 3. Schuljahr

Lesespiele
ab 3. Schuljahr

Rechtschreibung 1
2. und 3. Schuljahr

Rechtschreibung 2
3. und 4. Schuljahr

Rechtschreibung 3
4. und 5. Schuljahr

Rechtschreibung 4
5. und 6. Schuljahr

Rechtschreibung 5
7. und 8. Schuljahr

Grundwortschatz
3. und 4. Schuljahr

Schön schreiben und gestalten
2. bis 4. Schuljahr

Grammatik
4. und 5. Schuljahr

MATHEMATIK

Grundrechenarten 1
ab 2. Schuljahr

Grundrechenarten 2
ab 3. Schuljahr

Größen und Maße
ab 5. Schuljahr

Rechenspiele
ab 5. Schuljahr

Gleichungen und Ungleichungen 1
5. und 6. Schuljahr

Rechenbäume – Terme – Texte
5. und 6. Schuljahr

Lösen von Sachaufgaben
5. und 6. Schuljahr

Flächen und ihre Berechnung 1
5. bis 8. Schuljahr

Körper und ihre Berechnung 1
5. bis 8. Schuljahr

Dezimalbrüche
6. Schuljahr

Teiler und Vielfache
6. Schuljahr

Brüche
6. und 7. Schuljahr

Dreisatz und Prozente
6. bis 8. Schuljahr

Aufbau des Zahlensystems, vollständige Induktion
ab 7. Schuljahr

Gleichungen und Ungleichungen 2
7. und 8. Schuljahr

Dreieckskonstruktionen
7. und 8. Schuljahr

Bruchgleichungen und Bruchungleichungen
8. Schuljahr

Textgleichungen 1
8. Schuljahr

Gleichungen mit zwei Unbekannten
8. und 9. Schuljahr

Textgleichungen 2
7. bis 9. Schuljahr

Quadratische Gleichungen und Ungleichungen
9. Schuljahr

Wurzeln und Potenzen
9. und 10. Schuljahr

Flächen und ihre Berechnung 2
9. und 10. Schuljahr

Körper und ihre Berechnung 2
9. und 10. Schuljahr

Trigonometrie
10. Schuljahr

CHEMIE

Grundlagen der Chemie
8. bis 10. Schuljahr

Weitere Bände sind in Vorbereitung

DUDEN
Schülerhilfen

Aufsatz/Erörterung

Zum selbstständigen Wiederholen und Üben

von Diethard Lübke
mit Illustrationen
von Detlef Surrey

DUDENVERLAG
Mannheim · Leipzig · Wien · Zürich

Die Deutsche Bibliothek – CIP-Einheitsaufnahme
Duden-Schülerhilfen
Mannheim; Leipzig; Wien; Zürich: Dudenverl.
Früher im Verl. Bibliograph. Inst., Mannheim, Wien, Zürich
Deutsch. Aufsatz/Erörterung
Zum selbstständigen Wiederholen und Üben /
von Diethard Lübke. – 1997
ISBN 3-411-05741-6

Satz: gag – grafische ateliergemeinschaft
Druck: Neue Stalling GmbH, Oldenburg
Gedruckt auf Eural Super Recyclingpapier matt gestrichen
Bindearbeit: Schöneberger Buchbinderei, Berlin
Printed in Germany
ISBN 3-411-05741-6

Liebe Schülerin, lieber Schüler,

Klassenaufsätze verlangen viel von Schülerinnen und Schülern; das weißt du nur zu gut! Du sollst dich in einen problematischen Sachverhalt hineindenken, du sollst Entscheidungen treffen, Argumente und Gegenargumente sollen dir einfallen. Du sollst den Text deines Aufsatzes ausformulieren, in gutem Schriftdeutsch und möglichst ohne Rechtschreib- und Zeichenfehler.

Und das alles in ziemlich kurzer Zeit!

Diese Schülerhilfe bietet dir die Möglichkeit in aller Ruhe zu Hause für die Klassenaufsätze zu üben:

1. Du verdeutlichst dir noch einmal die Anforderungen und kannst „Musteraufsätze" durchlesen.
2. Du schreibst selbst Übungsaufsätze.

Um dir die Orientierung zu erleichtern sind kleine Hilfen eingebaut worden. Besonders gekennzeichnet sind so **Merksätze**, →

Beispiele, →

Aufgaben →

bzw. **spezielle Übungsaufgaben**, →

Hilfen und Lösungshinweise →

sowie die **Lösungen** →

Vorwort

Die beste Vorbereitung auf Klassenaufsätze sind die Übungsaufsätze. In zwei Stunden solltest du einen Übungsaufsatz fertig haben. Schreib ihn in ein besonderes Heft oder verwende deinen Computer und sichere den Aufsatz auf CD. Nach einigen Tagen liest du deinen Aufsatz noch einmal durch. Korrigiere alles, was noch nicht hundertprozentig gelungen ist! Dann kannst du eine Reinschrift anfertigen oder den Text ausdrucken. Die Reinschrift solltest du deinen Eltern vorlesen; du kannst den Aufsatz auch mit deinem Freund/deiner Freundin durchgehen. Zeig die Reinschrift deinem Lehrer/deiner Lehrerin. Vielleicht korrigiert er/sie deinen Aufsatz und sieht, dass du dich für das Fach Deutsch besonders anstrengst.

Die Arbeit mit dieser Lernhilfe sollte dich etwa eineinhalb Monate beschäftigen, wenn du dir wöchentlich zweimal zwei Stunden dafür reservierst.

Viel Erfolg!

Diethard Lübke
Meppen, im Herbst 1996

Inhaltsverzeichnis

Inhaltsverzeichnis

5. Kapitel

Erörterungen nach dem Schema:
Gegenmeinung/eigene Meinung

6. Kapitel

Erörterungen nach dem Schema:
Argumente für A und B/Diskussion

Kapitel 1

Begriffe bestimmen

1.1 Wir diskutieren

Christine und Inga sind Schülerinnen der 9. Klasse. Sie blättern in der neuen Abi-Zeitung, die während der großen Pause auf dem Schulhof verkauft wurde.

1 Begriffe bestimmen

Christine: Sieh mal hier, Inga, unsere beliebtesten Lehrer: Herr Peters, Herr Hildebrandt und Frau Huber.
Inga: Herr Peters soll unser beliebtester Lehrer sein? Das glaube ich nicht!
Christine: Doch! Er versteht Spaß, hat Humor, ist immer gut gelaunt.
Inga: Das stimmt. Aber er gibt ziemlich strenge Zensuren. Für die letzte Mathe-Arbeit habe ich wirklich gelernt, das weißt du. Und das Ergebnis? Herr Peters hat mir nur eine Vier gegeben. Ein Mathe-Lehrer kann nie der beliebteste Lehrer sein!
Christine: Für das Korrigieren gibt es Vorschriften, nach denen sich jeder Lehrer richten muss. Ein beliebter Lehrer kann strenge Zensuren geben, nur gerecht müssen sie sein!
Inga: Ich halte Frau Huber viel eher für die beliebteste Lehrerin! Sie setzt sich für ihre Schüler ein! Sie hat Verständnis für unsere Probleme. Sie kann gut zuhören.
Christine: Du hast recht, so ist Frau Huber. Aber viel besser finde ich die Lehrer, die auch mal harte Diskussionen mit ihren Schülern führen. Das kann Herr Peters viel besser. Was habe ich davon, wenn ein Lehrer immer nur für alles Verständnis zeigt. Ich mag die Lehrer, die einer harten Auseinandersetzung nicht ausweichen.
Inga: Gut finde ich, dass Frau Huber ihre Schüler für gute Leistungen lobt.
Christine: Das tut sie. Aber: Sie hat auch ihre Lieblingsschüler und das finde ich schlecht ...

Die Diskussion ging noch eine Weile weiter. Zum Schluss konnten sich Christine und Inga nicht einigen, wer nun wirklich der beliebteste Lehrer der Schule ist.

1 Hast du erkannt, warum sich die beiden nicht einigen konnten? – Sie haben unterschiedliche Vorstellungen, welche Eigenschaften und Merkmale ein beliebter Lehrer haben sollte.

Für Christine ist wichtig:

Für Inga ist wichtig:

Welche Eigenschaften und Merkmale hältst du bei einem beliebten Lehrer für besonders wichtig?
(Schreib eine Liste in dein Heft. Ergänze noch weitere wichtige Merkmale, die von Christine und Inga nicht genannt worden sind.)

Aus dem Gespräch von Christine und Inga hast du gelernt:

*Wenn eine Diskussion zu einem befriedigenden Ergebnis führen soll, muss man zunächst die verwendeten **Begriffe** und den **Sachverhalt**, über den diskutiert wird, klären.*

Wenn erst einmal klar ist, was man unter einem „beliebten Lehrer" versteht, kann man auch die folgenden Streitfragen klären:

- **Ist Herr Peters wirklich der beliebteste Lehrer der Schule?**
  Oder:
- **Hältst du es für eine wichtige Eigenschaft eines Lehrers, wenn er bei seinen Schülerinnen und Schülern beliebt ist?**
  Oder:
- **Gibt es bei einem beliebten Lehrer weniger Disziplinschwierigkeiten als bei anderen Lehrern?**

1.2 Beispiel für eine Begriffsbestimmung

Das Bestimmen von Begriffen ist eine wichtige Voraussetzung um zu diskutieren und um eine gute Erörterung zu schreiben.
An einem Beispiel wirst du sehen, wie man das macht.

Als Beispiel habe ich den Begriff „fair" ausgesucht. Diesen Begriff kennst du vom Sport und auch sonst.

Thema:
Was versteht man im Sport unter dem Begriff „fair"?

Tipp

Vorüberlegungen und Anregungen:

1. Bei einer Begriffsbestimmung nennst du zunächst den „übergeordneten Begriff“. Was damit gemeint ist, zeige ich dir an einigen Beispielen:

	Übergeordneter Begriff:
Tisch, Stuhl, Schrank:	Möbel
Hass, Liebe, Eifersucht:	Gefühle
Pferd, Wolf, Eichhörnchen:	Säugetiere

Wenn du bestimmen solltest, was ein „Eichhörnchen“ ist, würdest du so anfangen:
Ein Eichhörnchen ist ein Säugetier, das ...
(Es folgen die typischen Merkmale eines Eichhörnchens.)

Beim Begriff „fair“ könntest du so anfangen:
Mit „fair“ bezeichnet man das Verhalten eines Sportlers, der ...
(Es folgen die typischen Merkmale seines Verhaltens.)

2. Dann solltest du alle wesentlichen Merkmale des „fairen“ Verhaltens nennen. Wenn du einen Hausaufsatz schreibst, kannst du im Lexikon, im Duden oder im Wörterbuch nachsehen. Dort findest du Hilfen:

fair [fɛ:r] ‹engl.› (gerecht; anständig; den Regeln entsprechend); das war ein -es Spiel; **Fair|ness** ['fɛ:r...], die; -; **Fair|play,** *auch* **Fair Play** ['fɛ:r'ple:], das; - (ehrenhaftes, anständiges Spiel od. Verhalten [im Sport])

Hier werden viele Merkmale genannt, die „faires“ Verhalten ausmachen:

gerecht, anständig, den Spielregeln entsprechend,

(Ergänze weitere Merkmale.)

3. Du kannst auch Merkmale aufführen, die nicht zu dem Begriff gehören.

wer fair spielt, kann trotzdem mit großem Einsatz kämpfen,

„fair“ spielen bedeutet nicht den Gegner gewinnen zu lassen,

(Nenne weitere Merkmale, die nicht zum Begriff „fair“ gehören.)

4. Du kannst mit Beispielen veranschaulichen, was mit „fair“ gemeint ist. Beispiele vom Fußball.
Faires Verhalten:

den Gegner vom Ball trennen, entsprechend den Regeln
sich zu seinen Fehlern bekennen, sich entschuldigen

Du kannst an Beispielen veranschaulichen, wie sich ein fairer Fußballspieler nicht verhalten würde:

Ziehen, Stoßen, absichtliches Foulen
„Schwalbe“
Handspiel

(Nenne noch weitere Beispiele.)

Aufsatz von Christine B.:

Was versteht man im Sport unter dem Begriff „fair“?

Mit „fair“ bezeichnet man das Verhalten eines Sportlers, der sich beim Spiel oder Wettkampf so verhält, wie es die Spielregeln verlangen. Sein Verhalten ist einwandfrei und bietet dem Schiedsrichter keinen Anlass gegen ihn einzuschrei-

ten. „Faires" Verhalten beim Sport bedeutet jedoch nicht, dass man nicht mit vollem Einsatz kämpft oder den Gegner absichtlich gewinnen lässt.
Ein fairer Fußballspieler trennt den Gegner nur in der Weise vom Ball, wie die Regeln es erlauben. Wenn der Spieler mal einen Fehler gemacht hat, bekennt er sich dazu und entschuldigt sich. Ein fairer Fußballspieler würde nie ein Handspiel, ein absichtliches Foul oder eine „Schwalbe" versuchen.

Der faire Spieler gewinnt, weil er der Bessere ist, nicht weil er sich regelwidrig verhält und dadurch Vorteile hat.

2 Diese Begriffsbestimmung hast du gut verstanden. Du erkennst, wie Christine ihren Aufsatz aufgebaut hat. Schreib folgende Wörter an den Rand des Aufsatzes:

Beispiele für faires Verhalten

Beispiele für unfaires Verhalten

Merkmale des fairen Verhaltens

Übergeordneter Begriff

Schlusssatz

Merkmale, die nicht zum fairen Verhalten gehören

1.3 Übungsaufgaben

3 **Thema:**

Auf einer Klassenfahrt wird einem Mitschüler/einer Mitschülerin vorgeworfen, dass er/sie ein Egoist sei.

a) Was versteht man unter „Egoismus"?

b) Wie könnte sich der Egoismus des Mitschülers/der Mitschülerin während der Klassenfahrt äußern?*

* Einen fertigen Aufsatz zu diesem Thema findest du in den Lösungen, Seite 24.

Als Hilfen für die Begriffsbestimmung kannst du die Ausschnitte aus dem „Fremdwörterduden“ verwenden.

E|go [auch: *ägo; lat.*] *das;* -, -s: das Ich (Philos.); vgl. Alter Ego. **E|go-Ide|al** *das;* -s, -e: für die eigene Person gültiges Leitbild, das durch seinen Grundsatzcharakter zur Persönlichkeitsentwicklung beiträgt. (Psychol.). **E|go|i|s|mus** [*lat.-fr.*] *der;* -, …men: 1. (ohne Plural) Selbstsucht, Eigenliebe, Ichsucht, Eigennutz; Ggs. ↑Altruismus. 2. (Plural) selbstsüchtige Handlungen o. Ä. **E|go|i|st** *der;* -en, -en: jmd., der sein Ich u. seine persönlichen Interessen in den Vordergrund stellt; Ggs. ↑Altruist. **e|go|i|s|tisch:** ichsüchtig, nur sich selbst gelten lassend; Ggs. ↑altruistisch. **E|go|ma|nie** *die;* -: krankhafte Selbstbezogenheit. **E|go|ti|s|mus** [*lat. - engl.*] *der;* -: philosophisch begründete Form des Egoismus, die das Glück der Menschheit dadurch herbeizuführen trachtet, dass der Einzelne (einer Elite) auf ein Höchstmaß persönlichen diesseitigen Glücks hinarbeitet. **E|go|ti|st** *der;* -en, -en: 1. Anhänger des Egotismus. 2. Autor eines ↑autobiographischen Romans in der Ichform. **E|go|trip** *der;* -s, -s: (Jargon) jmds. augenblickliche Lebenshaltung, -gestaltung, bei der das Denken u. Verhalten fast ausschließlich auf die eigene Person, die eigene Erlebensweise gerichtet ist.

E|go|zent|rik [*(lat.; gr.-lat.) nlat.*] die; -: Einstellung od. Verhaltensweise, die die eigene Person als Zentrum allen Geschehens betrachtet und alle Ereignisse nur in ihrer Bedeutung für u. in ihrem Bezug auf die eigene Person wertet. **E|go|zent|ri|ker** *der;* -s, -: jmd., der egozentrisch ist. **e|go|zent|risch:** ichbezogen; sich selbst in den Mittelpunkt stellend (im Unterschied zu egoistisch aber nicht auf das Handeln zielend, sondern Ausdruck einer Weltauffassung, die alles in Bezug auf die eigene Person wertet). **E|go|zent|ri|zi|tät** *die;* -: = Egozentrik

Al|tru|is|mus [*lat.-nlat.*] *der;* -: durch Rücksicht auf andere gekennzeichnete Denk- u. Handlungsweise, Selbstlosigkeit; Ggs. ↑Egoismus. **Al|tru|ist** *der;* -en, -en: selbstloser, uneigennütziger Mensch; Ggs. ↑Egoist. **al|trui|stisch:** selbstlos, uneigennützig, aufopfernd; Ggs. ↑egoistisch

Um die Aufgabe **b)** zu beantworten denke besonders an folgende Situationen:

Wie könnte sich der Egoismus eines Mitschülers äußern
→ bei den Planungen für die Klassenfahrt,
→ während der Fahrt im Bus oder mit der Bahn,
→ in der Jugendherberge (Essen, schlafen ...)
→ während der Ausflüge, bei Besichtigungen?

Welches Verhältnis hat der Egoist zu seinen Mitschülern und zum Lehrer?

Du kannst deinen Aufsatz so anfangen:

Mit „Egoismus" bezeichnet man die Haltung eines Menschen, der ...

(Statt „Haltung" kannst du auch schreiben: Einstellung, Verhalten.)

4 In der Zeitung liest du zufällig folgenden kleinen Artikel:

> **Jugendliche als Stubenhocker?**
>
> Ein Großteil der Kinder und Jugendlichen hat sich in den vergangenen Jahren mehr und mehr zum typischen Stamm der Stubenhocker entwickelt. In der Freizeit scheinen sie nur noch zwischen Fernsehapparat und Computerspielen hin und her zu pendeln. Diese Entwicklung haben Freizeitforscher herausgefunden.

Du fragst dich natürlich, ob es stimmt, dass viele Jugendliche zu „Stubenhockern" geworden sind. Kannst du umschreiben, was ein „Stubenhocker" ist?

Thema:
Welche Jugendlichen bezeichnet man als „Stubenhocker"?

Überlege: Was tut ein Stubenhocker? Was tut ein Stubenhocker nicht? Welche Interessen hat ein Stubenhocker? Das kannst du leicht mit geeigneten Beispielen veranschaulichen.

Beachte, dass die Bezeichnung „Stubenhocker" kein Lob ist. Es ist ein negativer, abschätziger Begriff. (Erwähne das in deiner Begriffsbestimmung.)

Du kannst deinen Aufsatz so anfangen:

Der Verfasser dieses Zeitungsartikels bedauert, dass sich in den vergangenen Jahren viele Jugendliche zu „Stubenhockern" entwickelt haben. Damit bezeichnet er Jugendliche, die ...

5 In einer Sonntagszeitung stand der untenstehende Artikel. Lies ihn aufmerksam durch!

In dem Zeitungsartikel kommt der Begriff „Statussymbol“ vor. Was ist mit einem Statussymbol gemeint?

17-Jähriger wurde wegen goldenen Vampirgebisses getötet

ws. New York

Für einen New Yorker Jugendlichen ist seine Vorliebe für ein ungewöhnliches Statussymbol zum Verhängnis geworden.

Der 17-jährige Adonis Matthews wurde ermordet, weil er eine kostbare Zahnbrücke aus Gold und Diamanten trug, die einem Vampirgebiss nachempfunden war. Diese Brücke galt in seiner Gruppe als Statussymbol. Seine Eltern hatten sie ihm gerade erst zu Weihnachten geschenkt.

Adonis Matthews war auf dem Heimweg von einer Disko als er auf dem Bahnsteig einer U-Bahn-Station von zwei Männern überfallen wurde. Sie zwangen ihn seine Wertsachen – das Gebiss und eine Goldkette – herauszugeben. Als er sich weigerte, schossen ihm die beiden Männer in den Bauch.

Thema:

a) Was versteht man unter einem „Statussymbol“?

b) Warum wird das Vampirgebiss als Statussymbol bezeichnet? Nenne auch andere Statussymbole (bei Jugendlichen, bei Erwachsenen).

Dieses Thema ist schwierig. – Vielleicht helfen dir folgende Überlegungen aus einem Schulaufsatz:

Tipp

... In der Gesellschaft, in jeder Gruppe gibt es Menschen, die ein besonderes Ansehen genießen. Sie fühlen sich höher gestellt als andere und zeigen ihren höheren Rang nicht nur durch ihr Verhalten, sondern auch durch Gegenstände, die die Bewunderung der anderen wecken ...

Verwende in deiner Begriffsbestimmung die Begriffe:
Gruppe, Ansehen, Rang ...

Stell eine Liste von typischen Statussymbolen zusammen.

Statussymbole bei Jugendlichen:

1 Begriffe bestimmen

Statussymbole bei Erwachsenen:

Schmuck, schicke Kleidung, teure Autos,

Gliedere deinen Übungsaufsatz so:

1. Kurze Inhaltsangabe des Zeitungsartikels.
2. Begriffsbestimmung „Statussymbol".
3. Beispiele für Statussymbole.

Das hast du im 1. Kapitel gelernt:

- *Damit eine Diskussion auch zum Ergebnis führt, ist es notwendig, dass die Begriffe geklärt werden.*
- *Bei einer Begriffsbestimmung nennt man zunächst den **übergeordneten Begriff.***
- *Dann nennt man die **typischen Merkmale,** die zum Begriff gehören. (Hilfen findet man im Lexikon, Duden, Wörterbuch.)*
- *Es gibt noch zwei weitere Möglichkeiten um den Begriff weiter einzugrenzen:*
  *1. Du nennst Merkmale, die **nicht** zu dem Begriff gehören.*
  2. Du gibst anschauliche Beispiele.

1.4 Lösungen

1

Für Christine ist wichtig: Ein beliebter Lehrer versteht Spaß, hat Humor, ist gut gelaunt, gibt gerechte Zensuren, führt auch mal „harte Diskussionen“.
Für Inga ist wichtig: Ein beliebter Lehrer setzt sich für seine Schüler ein, hat Verständnis für die Probleme der Schüler, kann zuhören, lobt die Schüler für gute Leistungen.

2

Zeile 1–2:	Übergeordneter Begriff.
Zeile 2–7:	Merkmale des fairen Verhaltens.
Zeile 7–10:	Merkmale, die nicht zum fairen Verhalten gehören.
Zeile 11–16:	Beispiele für faires Verhalten.
Zeile 16–18:	Beispiele für unfaires Verhalten.
Zeile 19–21:	Schlusssatz.

a) Was versteht man unter „Egoismus“?
b) Wie könnte sich der Egoismus des Mitschülers/der Mitschülerin während der Klassenfahrt äußern?

3 Mit „Egoismus“ bezeichnet man die Haltung eines Menschen, der immer nur an sich und seinen Eigennutz denkt. Nur seine Meinungen, Interessen und Wünsche sind ihm wichtig. Die Bedürfnisse seiner Mitmenschen beachtet er überhaupt nicht. Wenn eine Klassenfahrt geplant wird, erwartet der Egoist, dass nur die Ziele berücksichtigt werden, die ihm interessant erscheinen. Auf die Wünsche und Vorschläge der Mitschüler geht er nicht ein. Während der Fahrt im Bus will der Egoist den Platz haben, der ihm als der bequemste erscheint. Bekommt er ihn nicht, protestiert er lautstark und droht damit, dass ihm auf einem anderem Platz übel wird. In der Jugendherberge und bei den Ausflügen ist er unpünktlich. Es macht ihm nichts aus, wenn die ganze Klasse längere Zeit auf ihn warten muss. Wenn er eine Besichtigung nicht interessant findet, drückt er das deutlich aus, auch wenn er den Museumsführer damit beleidigt.

Ein Egoist oder eine Egoistin sind bei Mitschülern und Lehrern sehr unbeliebt.

(Holger M.)

5 Statussymbole der Jugendlichen: Ringe, spezielle Kleidung, Motorrad ...

Kapitel 2

Eine Meinung äußern

Wenn es gilt eine eigene Meinung zu äußern, nehmen Jugendliche kein Blatt vor den Mund. Ich brauche dir nicht zu erklären, was damit gemeint ist, „eine eigene Meinung zu äußern“. Du kannst bereits deine Meinung äußern und tust das jeden Tag. In diesem Kapitel möchte ich dir zeigen – grundsätzlich –, welche Entscheidungsmöglichkeiten dir die verschiedenen Aufsatzthemen eröffnen. Es gibt drei verschiedene Arten von Themen.

2.1 Alternative Entscheidungsfragen

Die meisten Themen für Erörterungen bieten dir **zwei** Entscheidungsmöglichkeiten. Du kannst zwischen Pro und Kontra, zwischen Ja und Nein, für die eine oder die andere (entgegengesetzte) Möglichkeit entscheiden.

Berufswahl – Sollen deine Eltern bei deiner Berufswahl mitreden?

6 Grundsätzlich gibt es hier nur zwei Entscheidungsmöglichkeiten. Kannst du sie aufschreiben?

1.

2.

Wie haben sich die Schülerinnen und Schüler auf der folgenden Seite entschieden? Lies ihre Entscheidungen durch.

Rebecca: Ich weiß bereits seit langem, dass ich Architektin werden will. Das können mir meine Eltern nicht ausreden.

Tobias: Meine Eltern haben Berufserfahrung. Sie kennen meine Stärken und Schwächen. Ich wäre dankbar, wenn sie mich beraten.

Verena: Meine Eltern brauchen mich nicht zu beraten. Ich vertraue mehr dem Berufsberater. Der kennt die heutigen Berufschancen.

Christopher: Ich werde mir meinen Beruf selbst aussuchen. Mein Vater will nur, dass ich sein Baugeschäft übernehme. Das tue ich auf keinen Fall!

Michael: Beraten können mich meine Eltern. Warum nicht? Aber sie sollen mich nicht zu einem Beruf drängen, der mir keinen Spaß macht.

7 Hast du die Meinungsäußerungen der Schülerinnen und Schüler richtig verstanden? Schreib die Namen in die Liste:

Ja, meine Eltern sollen mitreden.	**Nein, meine Eltern sollen nicht mitreden.**

Wo hast du den Namen von Michael eingetragen? Seine Entscheidung passt nicht zu „Ja". (Er sagt: „ ... sie sollen mich nicht zu einem Beruf drängen, der mir keinen Spaß macht."). Andererseits passt seine Entscheidung auch nicht zu „Nein". (Er sagt: „Beraten können mich meine Eltern. Warum nicht?). Der Name von Michael müsste eigentlich zwischen die Spalten „Ja" und „Nein" geschrieben werden. Er nimmt eine mittlere Position ein, er trifft eine „differenzierte" Entscheidung.

Bei Alternativfragen gibt es oftmals **drei** Entscheidungsmöglichkeiten: Du entscheidest dich für die eine Position – oder für die andere – oder du nimmst eine mittlere Position ein.

2.2 Viele Entscheidungsmöglichkeiten.

Manche Aufsatzthemen lassen dir viele Entscheidungsmöglichkeiten.

In den Klassen 8 und 9 beteiligen sich viele Schülerinnen und Schüler am Austausch mit ausländischen Jugendlichen. Nicht immer verläuft dabei alles problemlos. – Eine meiner Schülerinnen erzählte mir von Lucia, einer italienischen Schülerin, die für zwei Wochen bei ihrer Familie hier in Deutschland war: „Lucia war unzuverlässig. Als sie abends in die Disko wollte, ist sie zur verabredeten Zeit nicht wiedergekommen. Mitten in der Nacht mussten meine Eltern sie in der Stadt suchen ..."
Wie sollen die Eltern reagieren?

Es gibt mehrere Möglichkeiten. Zum Beispiel:

- Obwohl sich die Eltern geärgert haben, sollten sie mit einer Ausländerin nicht schimpfen.
- Sie sollten aber Lucia deutlich zu verstehen geben, dass ihr Verhalten nicht in Ordnung war. Schließlich haben die deutschen Eltern die Verantwortung für das italienische Mädchen.
- Sie sollten Lucia abends überhaupt nicht mehr, zumindest nicht mehr alleine weglassen.
- Sie sollten mit Lucias Eltern telefonieren und ihnen das Verhalten ihrer Tochter mitteilen.

Sicher kannst du noch weitere mögliche Reaktionen der Eltern nennen.

2.3 „Beleg-Erörterung"

Zur Vollständigkeit noch ein wichtiger Hinweis: Nicht jede Erörterung verlangt von dir, dass du selbst eine eigene Meinung äußerst. Manchmal gibt dir das Aufsatzthema bereits eine Meinung vor. Man erwartet von dir nur, dass du diese vorgegebene Meinung begründest.

Solche Themen können beginnen:

Warum ...

Erörtere, warum ...

Zeige auf, dass ...

Was spricht dafür, dass ...

Warum sollten Radfahrer im Straßenverkehr besonders vorsichtig sein? (Dass Radfahrer vorsichtig sein sollen, wird vorgegeben. Du sollst nur Gründe dafür nennen.)

Erörtere, warum viele Schülerinnen und Schüler ein Haustier haben oder sich zumindest ein Haustier wünschen.
(Dass viele ein Haustier haben, wird vorgegeben. Du sollst nur die Gründe dafür nennen.)

Diese Themen sind verhältnismäßig leicht. Du brauchst nicht über die verschiedenen Entscheidungsmöglichkeiten nachzudenken. Unangenehm sind diese Themen nur, wenn du die vorgegebene Meinung nicht aus vollem Herzen teilst.

2 Eine Meinung äußern

Das hast du im 2. Kapitel gelernt:

Das Thema für eine Erörterung eröffnet verschiedene Entscheidungsmöglichkeiten:

Die Entscheidung wird vorgegeben.
Du sollst sie begründen.
(Beleg-Erörterung)

*Die Meinung wird **nicht** vorgegeben.*
Du sollst sie selbst formulieren
... und begründen.

Du kannst dich zwischen zwei Alternativen entscheiden.

Es gibt viele Entscheidungsmöglichkeiten.
Du entscheidest dich für eine.

Du entscheidest dich für eine Alternative.

Du formulierst eine „differenzierte" Meinung. (Mittlere Position.)

2.4 Lösungen

6 Entscheidungsmöglichkeiten:

1. Ja, meine Eltern sollten bei meiner Berufswahl mitreden.
2. Nein, meine Eltern sollten bei meiner Berufswahl nicht mitreden.

7

Ja, meine Eltern sollten mitreden:	Nein, meine Eltern sollten nicht mitreden:
Tobias, (Michael).	Rebecca, Verena, Christopher.

Kapitel 3

„Beleg-Erörterung"

3.1 Erstes Beispiel für eine Beleg-Erörterung

Im zweiten Kapitel hast du bereits gelernt: Das typische Merkmal einer Beleg-Erörterung ist, dass dir eine Meinung/eine Entscheidung/eine Feststellung vorgegeben wird. Du sollst nichts anderes tun als die vorgegebene Meinung zu begründen.

Als Einführung in die Beleg-Erörterung ein ungewöhnlicher Text: Er stammt aus der „Kölnischen Zeitung" vom 28. März 1819. Das ist fast 180 Jahre her! – Das Thema: Gaslaternen in den Gassen.

8 Lies den Zeitungsartikel durch und schreib auf, welche Meinung der Verfasser vertrat. Wie könnte die Überschrift zu dem Zeitungsartikel lauten?

... Aus theologischen Gründen: weil sie als Eingriff in die Ordnung Gottes erscheint. Nach dieser ist die Nacht zur Finsternis eingesetzt, die nur zu gewissen Zeiten vom Mondlicht unterbrochen wird. Dagegen dürfen wir uns nicht auflehnen, die Nacht nicht zum Tag verkehren wollen.

Aus juristischen Gründen: weil die Kosten dieser Beleuchtung durch eine indirekte Besteuerung aufgebracht werden sollen. Warum soll dieser und jener für eine Einrichtung zahlen, die ihm gleichgültig ist, da sie ihm keinen Nutzen bringt oder ihn gar in manchen Verrichtungen stört?

Aus medizinischen Gründen: Die Gasausdünstung wirkt nachteilig auf die Gesundheit schwachleibiger und zartnerviger Personen und legt auch dadurch zu vielen Krankheiten den Stoff, weil sie den Leuten das nächtliche Verweilen auf den Straßen leichter macht und ihnen Schnupfen, Husten und Erkältung auf den Hals zieht.

3 „Beleg-Erörterung“

Aus philosophisch-moralischen Gründen: Die Sittlichkeit wird durch Gassenbeleuchtung verschlimmert. Die künstliche Helle verscheucht in den Gemütern das Grauen vor der Finsternis, das die Schwachen von mancher Sünde abhält. Die Helle macht den Trinker sicher, dass er in den Zechstuben bis in die Nacht hinein schwelgt, und sie verkuppelt verliebte Paare.

Die vom Verfasser vertretene Meinung:

Der Verfasser hat seine Gründe gegen die Gasbeleuchtung in vier Gruppen zusammengefasst. Sicherlich wird er sich überlegt haben, welche Gründe er zunächst bringt und welche später um seine Leser am besten zu überzeugen.

Schreib hinter die verschiedenen Gründe Zahlen:

1 = der deiner Meinung nach **wichtigste** Grund,
4 = der am wenigsten wichtige Grund.

Theologische Gründe
Juristische Gründe
Medizinische Gründe
Philosophisch-moralische Gründe

Die theologischen Gründe am Anfang des Artikels waren dem Verfasser

offenbar besonders wichtig ○
nicht besonders wichtig ○

3.2 Zweites Beispiel für eine Beleg-Erörterung

In Deutschland gibt es 84 000 Sportvereine mit etwa 27 Millionen Mitgliedern, darunter etwa 9 Millionen Kinder und Jugendliche. Gehörst auch du einem Sportverein an?

3 „Beleg-Erörterung“

Lies zunächst die Reklame aus der Zeitung durch:

Wo kann man was fürs Leben lernen?

In Deutschlands mehr als 84.000 Sportvereinen üben die Kleinen spielend ein, was als Große entscheidend für sie sein wird: Leistung bringen wollen und können, an Erfolgen wie Misserfolgen zu wachsen, im Team zu arbeiten. Dies und vieles mehr lernt man im Sportverein – ganz nebenbei.

Deutscher Sportbund

SportVereine
© DSB
Für alle ein Gewinn

Silker & Partner Werbeagentur GmbH

Thema:
Warum gehören in Deutschland so viele Jugendliche einem Sportverein an?

Dieses Thema haben Schülerinnen und Schüler einer Klasse 9 gründlich diskutiert. Das Ergebnis war eine Stoffsammlung auf Folie:

Stoffsammlung

1. Hinweise aus der Zeitungsanzeige:

- Den Jugendlichen macht es Spaß, **Leistung** zu erbringen. (Laufen, Springen, Ausdauertraining ...)
- Die Jugendlichen **wachsen an Erfolgen und Misserfolgen.** Damit ist gemeint: Erfolge stärken das Selbstbewusstsein und ermuntern zu größeren Leistungen. Misserfolge erkennt man deutlich, kann sie nicht auf andere abschieben. Gründe für Misserfolge suchen, Konsequenzen ziehen.
- Im **Team** arbeiten. Damit ist wohl gemeint: in der Mannschaft mit anderen spielen. Auf Mitspieler reagieren, mit ihnen den Erfolg erreichen wollen. Alle diese Gesichtspunkte sind auch im späteren Leben wichtig.

2. Zusätzliche Gründe:

- Angenehmer Zeitvertreib, der nicht sehr teuer ist. (Für 7,00 DM kann man sich in allen Sparten des Sportvereins beteiligen.)
- Es macht Spaß, sich körperlich richtig „auszutoben“, besonders wenn man den halben Tag in der Schule stillgesessen hat.
- Der Sportverein bietet gute Möglichkeiten: Sporthalle, Sportgeräte, gute Anleitung durch Trainer, die Fachleute sind.

3. Gründe, die der Lehrer zusätzlich nannte:

- Partnerschaftliches Verhalten ist auch dem Gegner gegenüber notwendig, weil Regeln eingehalten werden müssen.
- Wer im Sportverein ist, pflegt eine Kameradschaft, bei der Alkohol, Drogen und Gewalt keine Rolle spielen.

Nach dieser Stoffsammlung hat Matthias K. den folgenden Aufsatz geschrieben:

Warum gehören in Deutschland so viele Jugendliche einem Sportverein an?

Einleitung

In Deutschland gibt es eine sehr große Zahl von Menschen, die einem Sportverein angehören: 84 000 Vereine haben etwa 27 Millionen Mitglieder, davon ein Drittel Jugendliche. Diese Zahl finde ich erstaunlich, weil ich bisher nicht daran gedacht habe, einem Sportverein beizutreten.

Warum so viele Jugendliche in einem Sportverein mitmachen, haben wir im Unterricht erörtert, angeregt durch eine Zeitungsanzeige.

Hauptteil

Der Mitgliedsbeitrag in einem Sportverein ist nicht hoch. Für 7, 00 DM im Monat darf man in allen Sparten mitmachen. Sportgeräte werden gestellt, und man bekommt Hilfen von Trainern, die ausgebildete Fachleute sind. Beim Sport kommt es nicht auf teure Markenkleidung an, man braucht auch kein Geld für Alkohol oder Drogen. Anerkennung findet nur derjenige, der besondere (körperliche) Leistungen erbringt und im sportlichen Wettbewerb siegt.

Beim Wettkampf erlebt man Erfolge und Misserfolge. Selbstverständlich stärken Erfolge das Selbstbewusstsein und ermutigen zu weiteren und größeren Leistungen. Misserfolge kann man nicht auf andere abschieben. Man wird überlegen, warum man einen Misserfolg hatte und wie man zukünftig die eigenen Leistungen verbessern kann.

In der Mannschaft spielt man in einem „Team“. Das ist etwas ganz anderes, als wenn man allein am Computer spielt. Man muss auf die Mitspieler reagieren, weil man nur mit ihnen zusammen siegen kann. Wichtig ist, dass man auch dem Gegner ein partnerschaftliches Verhalten entgegenbringt, weil man sich an gemeinsame Regeln halten muss. Ohne Gegner ist kein Mannschaftsspiel möglich.

Schluss

Was man beim Sport lernt, ist im späteren Leben, besonders im Berufsleben wichtig. Ich finde diese Argumente so überzeugend, dass ich mich erkundigen werde, welche Sportvereine es in unserer Stadt gibt, um eventuell auch einem Verein beizutreten.

3 „Beleg-Erörterung“

9

a) Vergleiche den Aufsatz mit der Stoffsammlung auf Seite 35. Welchen Gesichtspunkt aus der Stoffsammlung verwendet Matthias nicht?

Welchen Gesichtspunkt verwendet er zusätzlich im Aufsatz?

b) Nach welchem Prinzip hat Matthias die Gründe zusammengefasst und im Aufsatz angeordnet?
(Kreuze den richtigen Hinweis an!)

- Zunächst werden die Gründe genannt, die in der Zeitungsanzeige stehen, dann die zusätzlichen. ○
- Matthias geht umgekehrt vor: zunächst die zusätzlichen Gründe, dann die Gründe aus der Anzeige. ○
- Matthias nennt zunächst die nahe liegenden Gründe, später folgen psychologische Gesichtspunkte. ○

c) In der Einleitung klärt Matthias den Sachverhalt.
Das ist richtig. ○
Das ist falsch. ○
Er schreibt in der Einleitung:

d) Im Schluss seines Aufsatzes kommt Matthias noch einmal auf einen Satz aus der Einleitung zurück. Der Satz lautet:

3.3 Übungsaufgaben

10 Irgendwann fällt es den Schülerinnen und Schülern gar nicht mehr auf: Wie sieht eigentlich das Schulgebäude aus, in dem sie Tag für Tag viel Zeit verbringen? Manche Schulgebäude und Klassenräume sind in einem sehr schlechten Zustand: aufgesprühte Graffiti an den Außenmauern, Schmutzschlieren und Kratzer an den Wänden der Flure und Klassenzimmer, stellenweise fehlt der Putz, Fenster und Türen sind beschädigt, Tische voll geschmiert, gar nicht zu reden von den Toiletten. Wenn es in deiner Schule nicht so schlimm ist, sei froh!

Früher waren die Zustände nicht besser. Das kannst du aus dem § 19 des „Schulgesetzes" eines früheren Gymnasiums entnehmen.

Thema:
Warum beschmutzen und zerstören manche Schüler mutwillig ihr Schulgebäude?*

* Einen fertigen Aufsatz zu diesem Thema findest du in den Lösungen, Seite 46/47

3 „Beleg-Erörterung“

Tipp

Einige Anregungen für die Stoffsammlung:

- → Schüler reagieren auf diese Weise ihre Aggressionen und ihren Frust ab.
- → Das Schulgebäude und das Mobiliar gehören „dem Staat“.
- → Manche Klassenräume sind billig und geschmacklos eingerichtet; Stühle und Tische sind unbequem. Schüler demolieren die Klassenräume, weil sie sie nicht mögen.
- → In großen Schulen herrscht Anonymität, niemand fühlt sich verantwortlich ...

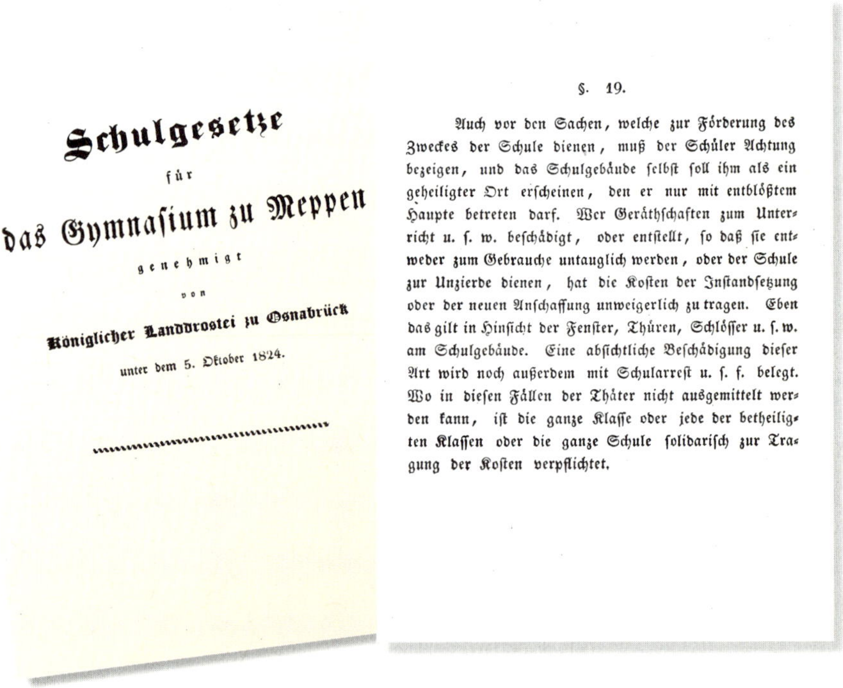

Schulgesetze
für
das Gymnasium zu Meppen
genehmigt
von
Königlicher Landdrostei zu Osnabrück
unter dem 5. Oktober 1824.

§. 19.

Auch vor den Sachen, welche zur Förderung des Zweckes der Schule dienen, muß der Schüler Achtung bezeigen, und das Schulgebäude selbst soll ihm als ein geheiligter Ort erscheinen, den er nur mit entblößtem Haupte betreten darf. Wer Geräthschaften zum Unterricht u. s. w. beschädigt, oder entstellt, so daß sie entweder zum Gebrauche untauglich werden, oder der Schule zur Unzierde dienen, hat die Kosten der Instandsetzung oder der neuen Anschaffung unweigerlich zu tragen. Eben das gilt in Hinsicht der Fenster, Thüren, Schlösser u. s. w. am Schulgebäude. Eine absichtliche Beschädigung dieser Art wird noch außerdem mit Schularrest u. s. f. belegt. Wo in diesen Fällen der Thäter nicht ausgemittelt werden kann, ist die ganze Klasse oder jede der betheiligten Klassen oder die ganze Schule solidarisch zur Tragung der Kosten verpflichtet.

Ergänze noch weitere Gründe (mindestens drei).
Ordne die Gründe

a) nach sachlichen Gesichtspunkten (Welche Gründe gehören inhaltlich zusammen?),

b) nach ihrer Wichtigkeit. Überlege, in welcher Reihenfolge du die Gründe im Aufsatz verwenden willst.

11 Bei Erörterungen unterscheidet man zwei Sorten von Themen: 1. allgemeine Themen und 2. Themen im Anschluss an die literarischen Werke, die im Deutschunterricht gelesen werden. In einigen Bundesländern werden die Themen im Anschluss an literarische Texte bevorzugt.

Ich weiß natürlich nicht, welches Werk ihr gerade im Unterricht lest. Ich muss mich darauf beschränken, solche Werke auszusuchen, die besonders gern und besonders häufig im Unterricht gelesen werden. Zum Beispiel: **Der Hauptmann von Köpenick** von Carl Zuckmayer.

3 „Beleg-Erörterung"

Inhalt: Der ehemalige Zuchthäusler Wilhelm Voigt kauft sich eine Hauptmannsuniform, übernimmt das Kommando über eine Kompanie, besetzt das Rathaus von Köpenick und verhaftet den Bürgermeister, den er nach Berlin bringen lässt.

Die 20. Szene spielt am Tag danach. Wilhelm Voigt, wieder in seiner normalen Kleidung, befindet sich unerkannt in einer Gaststätte in Berlin.

Carl Zuckmayer, der Hauptmann von Köpenick.

Zwanzigste Szene

Personen: Nachtkellner, Scheuerfrau, Bollefahrer, zwei Bollemädchen, Chauffeur, Zeitungsjunge, Wilhelm Voigt

Aschingers Bierquelle in der Neuen Friedrichstraße. Früher Morgen. Die Gaslampe brennt noch, das Lokal ist aufgeräumt, Stühle auf den Tischen. Ein Ofen in der Ecke. An der Wand überm Ausschank gedruckte Schilder, auf dem einen steht: „Gepumpt wird nicht!" –, auf dem anderen, in je zwei Zeilen geteilt, der Spruch: „Ein Bier allein im Magen, das kann kein Mensch vertragen! Drum, soll das Bier bekömmlich sein, stülp einen Schnabus hinterdrein!" – Leere Flaschen, ungespülte Gläser, kalter Rauch. Der übernächtigte Kellner, ein verschwiemelter Mensch in einem schmierigen, weißen Jäckchen, und die Scheuerfrau sind dabei, das Lokal flüchtig aufzuräumen. An der Seite, von Tischen verdeckt, auf einer schmalen Wandbank, liegt Wilhelm Voigt in seiner alten Kleidung, wie ein Toter hingestreckt. Man sieht von ihm zuerst nur die Stiefel. (...)

Von draußen hört man die Stimme des Chauffeurs, der laut lachend mit einem anderen spricht. Gleich darauf kommt er herein, hält eine Zeitung in der Hand.

Chauffeur Kinder!! Kinder, det is ne Sache, wat? Sache wie'n Boom, Sache wie ne Jaßanstalt! Ick lach mir dot. Kinder, ick hab schon keene Puste mehr. *Läßt sich lachend auf einen Stuhl fallen.*
Fahrer Wat denn, hat deine Olle 'n Kind jekriegt, oder hamse dir im Schlaf

'n neuen Piephahn anjeschraubt oder wat?

Chauffeur Wat, det wißter noch nich, habter denn hier keene Morjnzeitung? Kommt man in de Stadt rin, Mensch, da is et schon an de Litfaßsäulen, und wo 'n Extrablatt rauskommt, da tretense sich de Zehn ab! Kinder, heut fangen de Jeschäfte mitn Viertelbums Vaspätung an!

Fahrer Det kenn ick ja längst, zeig's mal her, wat is denn – Wat solln da sind, der Hauptmann von –

Chauffeur Köpenick! Der Hauptmann von Köpenick, also ick bin 'n Berliner, aber det is noch nich dajewesen, da hebste 'n Gaul mitn Wagen uff, da platzt dich der Kragen mitsamt de Krawatte, da laust dir der Affe, Mensch, bis de Haare wech sind!! Nee nee, ick hab in Leben nich mehr jelacht!

Fahrer *hat inzwischen gelesen, lacht auch, Kellner, Mädchen und Scheuerfrau umdrängen ihn von hinten, schauen in die Zeitung* Junge, da staun ja icke, und ich staune nie! Bravo! So is recht! Det is – jib ihm! Jib ihm Saures! Nen ganzen Magistrat verhaftet, in'n Keller jesperrt, 'n Bürgermeister in Handschellen durch de Gassen jetrieben, so muss et kommen, det is jut gegn steifen Hals – fuffzich Soldaten von Exerzierplatz wechkommandiert, ne janze Stadt umzingelt – und denn war's 'n falscher!!

Scheuerfrau Na, sone Jemeinheit!!

Chauffer Jemeinheit? Det is'n janz heller Junge, det is'n Jelehrter ist det oder mindestens 'n Politischer, da sollste man sehn, was da noch nachkommt, der stellt noch die janze Welt uffn Kopp! Hörste? Schon wieder 'n Extrablatt. *Ein Zeitungsjunge rennt draußen vorbei.*

Zeitungsjunge Extrablatt!! Das Neueste vom Hauptmann von Köpenick! Extrablatt! Der Hauptmann von Köpenick nicht verhaftet!! Extrablatt! Das Neueste vom Köpenicker Kriegsschauplatz! Der Hauptmann von Köpenick zum General befördert! Extrablatt! Die Frau Bürgermeister als Mitschuldige?!! Extrablatt!! Das Neueste vom Hauptmann von Köpenick –

Chauffeur Adjeh! Det muss ick lesen! *Er stürzt hinaus.*

Der Fahrer Halt, ick komm nach, det muss ick ooch haben, halt'n fest!!

Die Mädchen *sind auf die Straße gerannt, der Kellner und die Scheuerfrau hinterher. Alle rufen und laufen hinter dem Zeitungsjungen drein, verschwinden.*

Der Fahrer *klatscht die Zeitung, die er noch in der Hand hält, vor Voigt auf den Tisch* Hier, Penne, lies man, det is besser wie'n heeßer Kaffe. Oller Doofkopp, lachen haste woll ooch nich jelernt, haste woll jefehlt bei in de Schule! *Ab, hinter den andern her.*

Voigt *bleibt allein. Starrt erst unbeweglich auf die Zeitung, plötzlich reißt er sie* *an sich, liest. Seine Kiefer bewegen sich lautlos. Dann spricht er halblaut mit, immer stiller werdend* „– und so mag dieser tolle Spaßvogel, über den heute die ganze Welt lachen wird, nun schon in Sicherheit sein und die Beute seines fröhlichen Raubzuges lachend genießen ...“ Ham die ne Ahnung *... Läßt den Kopf auf die Arme sinken.*

Draußen kommen die Leute mit dem Extrablatt zurück. Durch die offene Tür hört man den Fahrer vorlesen.

Fahrer Steckbrief – Kinder, paßt uff, da kenn wa reich von werden – *Er liest, nach jeder seiner Aufzählungen schallendes Gelächter der andren* „Mager und knochig – jebeugte Kopfhaltung – schiefe Schulter – bleiches häßliches Jesichte – krankhaftes Aussehen – einjefallene Wangen – vorstehende Backenknochen – tiefliegende Oogen – schiefe knollige Nase – etwas krumme, sojenannte O-Beene – die Hände schmal und weiß –“ Kinder, det paßt auf mein vastorbenen Ziehhund – bis uff de Pfoten! *Tolles Gelächter draußen*

Voigt *sitzt unbeweglich.*

Dunkel

Wie urteilt die öffentliche Meinung über die Tat des „Hauptmanns von Köpenick“? Offensichtlich ist niemand entsetzt, niemand beschimpft oder verurteilt ihn. Wie ist das zu erklären?

Thema:

Warum wird der Hauptmann von Köpenick nicht als gefährlicher Krimineller von der öffentlichen Meinung verurteilt?

Tipp

Einige Anregungen für eine Stoffsammlung:

- Meinungsmacher ist die Zeitung. Sie nennt Voigt einen „tollen Spaßvogel".
- Voigt hat kein Kapitalverbrechen begangen, niemanden getötet. Er hat die staatliche Autorität lächerlich gemacht, was niemand gewagt hätte.
- Man bewundert seine Cleverness. „Det is'n janz heller Junge, det is'n Jelehrter." (Zeile 40–41)
- Das Lachen wirkt ansteckend, der Fahrer will den Chauffeur noch übertreffen und lacht besonders laut. Ebenso: Kellner, Mädchen und Scheuerfrau.
- Komische Übertreibungen: Zeile 46–48.
- Komische Beschreibung des Hauptmanns im Steckbrief: Zeile 66–70. Komische Kommentare der Personen.

Überlege auch bei diesem Thema, in welcher Reihenfolge du die Gesichtspunkte im Aufsatz schreiben willst. Es gibt verschiedene Möglichkeiten:

a) *So wie sie im Text vorkommen.*

b)

3.4 Lösungen

8

Die vom Verfasser des Zeitungsartikels vertretene Meinung:
Er lehnt die Einführung der Gasbeleuchtung auf den Straßen und Plätzen von Köln ab.

Die theologischen Gründe waren dem Verfasser offenbar besonders wichtig.

9

a) Nicht verwendet:
Es macht Spaß, sich körperlich richtig „auszutoben“, besonders wenn man den halben Tag in der Schule stillgesessen hat.
Zusätzlich:
Das ist etwas ganz anderes, als wenn man allein am Computer spielt.

b) Richtig: c)

c) Das ist richtig.

d) ... weil ich bisher nicht daran gedacht habe, einem Sportverein beizutreten.

10

Warum beschmutzen und zerstören manche Schüler mutwillig ihr Schulgebäude?

Das „Schulgesetz“ eines Gymnasiums aus dem Jahre 1824 (heute würde man sagen: die Schulordnung) zeigt, dass auch schon früher die Schüler das Schulgebäude und die Klassenräume beschmutzt und zerstört haben. Warum geschieht das eigentlich?

Es gibt dafür ganz verschiedene Gründe. Am wichtigsten erscheint mir der folgende:

Es lässt sich gar nicht verhindern, dass die Klassenräume beschädigt werden. In einem engen Raum sind 30 Schüler und mehr, in den Pausen auch unbeaufsichtigt, da kann es in den Pausen ganz ohne böse Absicht immer wieder zu Beschädigungen kommen. Auch die eigenen Zimmer der Schülerinnen und Schüler leiden stärker und müssen häufiger renoviert werden als die Zimmer, in denen man in Sesseln sitzt und den Besuch empfängt. – In den

Pausen reagieren manche Schüler ihren Frust ab: Sie laufen herum, prügeln sich, werfen mit Gegenständen. Da ist es unvermeidlich, dass die Wände des Klassenzimmers beschädigt werden. Wenn der Unterricht langweilig ist, vertreiben sich viele Schüler die Zeit, indem sie ihre Bücher oder die Tischplatten beschmieren.

Dass Schultische und Stühle sehr teuer sind, wissen die wenigsten Schüler. Das Schulgebäude und die Ausstattung gehören dem Staat. Das heißt, niemand fühlt sich verantwortlich und niemand wird persönlich geschädigt, wenn die Ausstattung beschädigt wird. Ich habe noch nie gehört, dass Eltern wirklich einmal die Kosten für zerstörte Stühle bezahlen mussten. Es würde auch sehr schwer sein herauszubekommen, wer das Möbelstück beschädigt hat, wenn am Vormittag (und am Nachmittag) verschiedene Klassen im selben Klassenraum unterrichtet werden.

Schließlich noch ein Grund, der ebenfalls die Zerstörungswut erklärt. Die Klassenzimmer sind billig und geschmacklos eingerichtet. Stühle und Tische sind unbequem. Die Schüler demolieren die Klassenräume, weil sie sie nicht mögen. Wenn man ihnen die Möglichkeit gäbe ihre Klassenräume selbst zu gestalten, würden sie sich viel mehr in Acht nehmen.

(Martina M.)

11

a) So wie sie im Text vorkommen.
b) Nach sachlichen Gesichtspunkten.
(Zum Beispiel: Gründe, die sich aus der Tat von Voigt ergeben; Gründe, die durch die Leute entstehen ...)

Kapitel 4

Erörterungen nach dem Schema: Eigene Meinung/Gegenmeinung

4.1 Gliederungsmöglichkeiten

Bei den so genannten „Beleg-Erörterungen" (Kapitel 3) werden dir Meinungen/Entscheidungen/Sachverhalte vorgegeben; du sollst nichts anderes tun als die vorgegebene Meinung begründen.

Viel mehr Spaß machen die Erörterungen, die von dir verlangen, dass du selbst eine Meinung vertrittst. Überlege zunächst einmal, aus welchen Teilen solch eine Erörterung eigentlich bestehen muss.

Welcher Abschnitt ist auf jeden Fall der wichtigste, auf den du niemals verzichten darfst?

- ***Die eigene Meinungsäußerung.***

Was gehört zu einer Meinungsäußerung unbedingt hinzu?

- ***Die Begründung der eigenen Meinung.***

Diese beiden Abschnitte sind die wichtigsten.
Denke daran bei jeder Erörterung, die du schreiben wirst!

Zur Erörterung gehören noch weitere Überlegungen: Nicht jeder wird deine Meinung teilen. Manche werden eine andere Meinung vertreten als du. Das kannst du ... das solltest du in deinem Aufsatz erwähnen:

- ***Gegenmeinung + Begründung der Gegenmeinung***

Die Gegenmeinung kann natürlich nicht unwidersprochen stehen bleiben. Du wirst den Wunsch haben, die Argumente der Gegenmeinung zurückzuweisen, zu widerlegen, als unzutreffend oder unwichtig hinzustellen:

- ***Zurückweisung der Gegenargumente***

4 Eigene Meinung/Gegenmeinung

12 Der Hauptteil einer Erörterung besteht also aus vier Abschnitten: (Vervollständige die Kästchen.)

A
- Eigene Meinung
-

B
-
-

Du kannst deine Erörterungen so gliedern. Das ist einfach und ganz natürlich. – Die folgenden Aufsätze in diesem Kapitel veranschaulichen diese Gliederung.

Du kannst die Abschnitte auch in anderer Reihenfolge anordnen:

B
- **Gegenmeinung + Argumente dafür**
- **Zurückweisung der Gegenargumente**

A
- **Eigene Meinung**
- **Begründung der eigenen Meinung**

Aufsätze mit dieser Gliederung lernst du im 5. Kapitel kennen.

4.2 Eine Einleitung schreiben

Vielen Schülern fällt es sehr schwer, eine Einleitung zu schreiben. Geht es dir auch so? – Du brauchst dir zukünftig für die Einleitungen nichts mehr aus den Fingern zu saugen, wenn du dir Folgendes merkst:

Man kann sinnvollerweise nur eine Entscheidung treffen, wenn man zuvor den Sachverhalt geklärt hat!
Das geschieht in der Einleitung.

Ein abschreckendes Beispiel ist die Diskussion der Schülerinnen Christine und Inga (Seite 10). Sie haben **nicht** geklärt, was man unter einem „beliebten Lehrer" zu verstehen hat, und kommen zu keinem Ergebnis. – Ein positives Beispiel ist der Aufsatz von Matthias K. (Seite 36–37). Bevor er mit seiner Erörterung beginnt, klärt er in den Zeilen 3–10 den Sachverhalt. Zur Klärung des Sachverhalts gehört auch die Klärung aller Begriffe, die in der Aufgabe genannt werden und für die Entscheidung von Bedeutung sind.

Bevor du also zukünftig irgendeine gesuchte und gekünstelte Einleitung schreibst, denke daran: Am sinnvollsten ist es, in der Einleitung den Sachverhalt und die entscheidenden Begriffe zu klären. Dieser Hinweis wird dir helfen überzeugende Entscheidungen zu treffen und bessere Aufsätze zu schreiben, weil du sofort zum Thema kommst.

4.3 Beispiele für eine Erörterung nach dem Schema: Eigene Meinung/Gegenmeinung

1992 wurde Bill Clinton zum Präsidenten der Vereinigten Staaten von Amerika gewählt. Aus diesem Anlass erschien dieses Foto in den Zeitungen.
Ich brachte damals das Foto in meine Klasse mit. Die Schülerinnen und Schüler diskutierten über die Besorgnisse des Präsidenten im Hinblick auf seine Tochter.

Funkbild AP

Einen Ehrentanz mit seiner Tochter Chelsea legte auf einer Siegesfeier in Little Rock (US-Staat Arkansas) der zukünftige Präsident der Vereinigten Staaten Bill Clinton aufs Parkett. Doch der Wahlsieg ist für die Familie Clinton nicht nur Anlass zur Freude. Schon zu Beginn seiner Kandidatur für die Demokraten hatte sich Clinton besorgt über die Zukunft der Zwölfjährigen geäußert, wenn er gewinnt. Vor allem befürchtete er, dass sie ihre kindliche Unbefangenheit und den Zugang zu ihren Eltern verlieren könnte.

Thema:
Sind die Besorgnisse des Präsidenten gerechtfertigt?

13 Welche Entscheidungsmöglichkeiten gibt es grundsätzlich bei diesem Thema?

Ja, ...

Nein, ...

(Ergänze die Entscheidungsmöglichkeiten.)
Wie hättest du dich entschieden?

Folgende Argumente wurden auf Folie gesammelt:

Ja, die Besorgnisse sind gerechtfertigt

- Die Tochter steht jetzt immer im Mittelpunkt der Aufmerksamkeit.
- Sie kann sich nicht mehr ungezwungen benehmen.
- Das gute Verhältnis zu ihren Freundinnen geht kaputt.
- Freundlichkeiten und Schmeicheleien gelten nicht ihr, sondern der Präsidententochter.
- Sie kann nicht mehr auf eine normale Schule gehen, muss ins Internat, auf eine Privatschule.
- Sie muss sich kleiden, wie die Öffentlichkeit es von ihr erwartet.
- Sie muss ihren Vater unterstützen.
- Sie muss die öffentliche Meinung berücksichtigen bei allem, was sie tut.
- Sie muss einen Bodyguard dulden.

Nein, sie sind nicht gerechtfertigt

- Alte Freundschaften können fortgesetzt werden. Viele andere werden sich um ihre Freundschaft bewerben.
- Sie gewinnt Menschenkenntnis und Sicherheit im Auftreten in der Öffentlichkeit. (Das nützt ihr später.)
- Der Vater kann sich durchaus Zeit für seine Tochter nehmen.
- Sie wird sprachgewandt.
- Sie reist viel. Sie erlebt viel.
- Der Vater war vorher Gouverneur. Da konnte sich die Tochter schon daran gewöhnen, dass ihr Vater eine herausgehobene Stellung hat.
- Es ist nicht notwendig, dass der Vater ständig zu Hause ist. (Vgl. leitende Angestellte, Vertreter, Fernfahrer ...)

4 Eigene Meinung/Gegenmeinung

Kannst du die Liste der Pro- und Kontraargumente noch verlängern?

Unterstreiche die Argumente, die du für **sehr wichtig** hältst.

Es folgen zwei Aufsätze von den Schülerinnen Esther H. und Silke N. Lies sie aufmerksam durch. Beim Aufsatz von Esther steht die Gliederung am Rand. Schreib die Gliederung von Silkes Aufsatz selbstständig an den Rand.

Esther H.:

Einleitung: Darstellung des Sachverhalts

Der neue Präsident der USA ist besorgt über die Zukunft seiner Tochter Chelsea. Er befürchtet, dass sie als Präsidententochter ihre kindliche Unbefangenheit und den Zugang zu ihren Eltern verlieren könnte.

Eigene Meinung

Ich halte die Besorgnisse des Präsidenten durchaus für gerechtfertigt.

Argumente für die eigene Meinung

Meine Meinung möchte ich so begründen: Chelsea wird ganz gewiss kein „normales Leben“ mehr führen können. Vielleicht wird sie in ein Internat kommen oder sie bekommt Privatunterricht. In diesem Fall würde der Kontakt zu ihren Freundinnen abbrechen, denn sie hätte bestimmt kaum mehr Gelegenheit sich mit ihnen zu treffen. Die Freundinnen könnten auch neidisch auf sie werden. Auch bei Jungen, die ihr vielleicht einen Antrag machen, kann sie nie sicher sein, ob der Junge sie wirklich mag oder nur ihr Geld und das große Ansehen ihres Vaters. Sie wird von jetzt an immer im Mittelpunkt des öffentlichen Interesses stehen. Sie kann sich nicht mehr natürlich verhalten.

Gegenargumente

Vielleicht sehe ich Chelseas Zukunft zu schwarz. Gegen meine Meinung könnte man einwenden, dass sie alte Freundschaften fortsetzen kann. Außerdem konnte sie sich an die Situation gewöhnen, als ihr Vater Gouverneur war.–

Entkräftung der Gegenargumente

Überzeugen können mich diese Gegenargumente nicht. Man denke nur an die großen Entfernungen zwischen Arkansas und Washington! Ein Gouverneur ist mit einem Präsidenten, dem mächtigsten Mann der Welt, nicht zu vergleichen.

Schluss

Darum bin ich der Meinung, dass die Besorgnisse des Präsidenten durchaus gerechtfertigt sind.

Silke N.:

Bill Clinton ist zum Präsidenten der Vereinigten Staaten von Amerika gewählt worden. Nach seiner Wahl befürchtet er, dass seine zwölfjährige Tochter Chelsea ihre kindliche Unbefangenheit und den Zugang zu ihren Eltern verlieren könnte.

Meiner Meinung nach sind diese Sorgen unangebracht.

Ich möchte meine Meinung mit folgenden Argumenten begründen: Chelseas Vater war schon Gouverneur, bevor er Präsident wurde, da hatte er wahrscheinlich auch nicht immer Zeit für seine Tochter. Es ist nicht notwendig, dass der Vater ständig zu Hause ist. Andere Väter, die zum Beispiel Vertreter oder Fernfahrer sind, haben auch nicht mehr Zeit für ihre Kinder. – Außerdem hat Chelsea viele Vorteile dadurch, dass ihr Vater Präsident ist: Sie erlebt viel, reist viel und lernt viele Menschen kennen. Dadurch gewinnt sie persönliche Sicherheit und wird sprachgewandt.
Man könnte auch die Gegenmeinung vertreten. Chelsea steht im Mittelpunkt und kann sich nicht mehr unbefangen benehmen. Sie muss sich kleiden, wie das von ihr erwartet wird. Sie muss ihren Vater in der Öffentlichkeit unterstützen. Sie muss einen lästigen Bodyguard zu ihrem Schutz dulden. – Ich meine jedoch, dass diese Gegenargumente wenig Gewicht haben. Jedes Mädchen sollte sich möglichst schick kleiden und seinen Vater unterstützen. Außerdem dient der Bodyguard nur ihrem persönlichen Schutz.

Ich bin also der Meinung, dass sich der Präsident wegen seiner Tochter wirklich keine Sorgen machen muss.

14

a) Der wichtigste Teil einer Erörterung ist die Meinungsäußerung. In Esthers Aufsatz steht die Meinungsäußerung Zeile .... bis Zeile .... .

Sie schreibt:

In Silkes Aufsatz steht die Meinungsäußerung Zeile .... bis Zeile .... .

Silke schreibt:

b) Unterstreiche die Gründe, die Esther und Silke für die Begründung ihrer Meinung verwenden, mit einem blauen Stift.

c) Unterstreiche die Gegenargumente in den beiden Aufsätzen mit einem Rotstift.

d) Esther erklärt dem Leser immer ganz deutlich den Gedankengang ihres Aufsatzes. Bevor sie die Gründe für ihre Meinung nennt, schreibt sie:

Meine Meinung möchte ich so begründen:

Bevor sie auf die Gegenargumente eingeht, schreibt sie:

Gegen meine Meinung könnte man einwenden, dass ...

Bevor sie die Gegenargumente zurückweist, schreibt sie:

Überzeugen können mich diese Gegenargumente nicht.

4 Eigene Meinung/Gegenmeinung

Auch Silke erklärt den Gedankengang ihres Aufsatzes durch geschickte Überleitungen: Bevor sie die Gründe für ihre Meinung nennt, schreibt sie:

Bevor sie auf die Gegenargumente eingeht, schreibt sie:

Bevor sie die Gegenargumente zurückweist, schreibt sie:

Schreib auch solche geschickten Überleitungen in deinen Aufsätzen!

e) Was schreibt Esther eigentlich im Schlusssatz? –
Sie wiederholt ihre Meinung.

Was schreibt Silke im Schlusssatz? (Kreuze das Richtige an!)

- ○ Sie wiederholt auch ihre Meinung.
- ○ Sie formuliert einen zusätzlichen Gedanken.
- ○ Sie schreibt eine Zusammenfassung.

4.4 Übungsaufgaben

15

Thema:
Mein Vater/meine Mutter will sich um ein hohes politisches Amt bewerben (Bürgermeister/in, Abgeordnete/r im Bundestag, Minister/in...)
Würde ich ihm/ihr zu- oder abraten?*

Einige Hilfen zu diesem Thema:

Welche Entscheidungen sind bei diesem Thema möglich?

1.
2.

Fertige eine Stoffsammlung an.

Anregungen dafür: Der Vater/die Mutter würde auch an den Wochenenden tätig sein ... wenig Urlaub ... müsste die Hobbys usw. aufgeben ... Vielleicht ist sogar ein Umzug notwendig ... Bodyguard ... Leben in der Öffentlichkeit ...

16 In den großen Ferien erhielt meine Frau von den Eltern ihres Patenkindes einen Feriengruß. Dort stand unter anderem:

Alexander ist seit Samstag, dem 15. 7. auf Jersey. Zwei Tage vor dem Abflug wollte er plötzlich lieber mit den Eltern wieder nach Sylt, das sei bequemer. Nach den stressigen Schulwochen müsse er sich ausruhen! Wir sind aber sicher, dass es ihm in Jersey prima gefallen wird.

*Zwei fertige Aufsätze zu diesem Thema findest du in den Lösungen, Seite 68–72 .

4 Eigene Meinung/Gegenmeinung

Vielleicht hast du auch schon mal über das folgende Thema nachgedacht:

Thema:
Möchtest du lieber mit deinen Eltern oder mit gleichaltrigen Freunden/Freundinnen in den großen Ferien verreisen?

Welche Entscheidungsmöglichkeiten gibt es bei diesem Thema?

1.

2.

Für die Stoffsammlung kannst du die folgende Geschichte von Eckart Straube auswerten. (Der Text beginnt auf der nächsten Seite!)

a) Welche Vorteile einer Fahrradtour mit Nico werden genannt? (Unterstreiche die entsprechenden Textstellen **blau**.)

b) Welche Nachteile einer Ferienreise zusammen mit den Eltern werden genannt?
(Unterstreiche die entsprechenden Textstellen **rot**.)

c) Es werden auch einige Nachteile bei einer Radtour mit Nico genannt.
(Unterstreiche die entsprechenden Textstellen **grün**.)
Beachte besonders die Zeilen 65–70, 92–100.

Eckart Straube
Ferienpläne

Tomas beneidet Nico.
Der hat seinen Eltern gesagt, er möchte dieses Jahr nicht mit ihnen, sondern allein in die Ferien fahren.
Nicos Eltern haben nichts dagegen.
Bei seinen Eltern kann sich Tomas nicht vorstellen, daß sie begreifen, weshalb er mit Nico und dem Fahrrad eine Tour machen will.
Sicher werden sie einwenden, er sei noch zu jung, könne sowas später immer noch machen; das Leben sei so lang!
Langweilig ist es jedesmal hinten im Auto, bis sie endlich die weite Strecke, die er beinahe auswendig kennt, nach Jugoslawien hinter sich gebracht haben.
Nie kann Vater einen Halteplatz finden, wenn Tomas etwas begucken will oder sich mal was Interessantes neben der Strecke tut. Meist nur das Gerase, Überholen, Schimpfen und Kolonnenfahren. Das macht müde. Bei dem dösigen, dumpfen Dahinbrüten empfindet man nicht mal Lust zum Lesen, und Musik stört den Vater, wenn Tomas seine Lieblingskassetten zum drittenmal auflegt.
Mit dem Fahrrad kann man überall anhalten, es abstellen und eine Pause machen. Nico und er könnten Fußball spielen, vielleicht findet er sogar tote Insekten für seine Sammlung. Oder sie liegen einfach in der Sonne, ohne dieses ewige Dröhnen des Autos im Kopf. Nico hätte bestimmt seine Taschenlampe dabei und finge wieder von den Höhlen an, in de-

nen vielleicht noch uralte Skelette von Bären, Menschen oder Sauriern zu finden wären. Erst müssten sie die Höhlen allerdings suchen, besser deren verschüttete Eingänge, denn eine neuentdeckte sollte es schon sein; kein Mensch darf dort gewesen sein.

Tomas' Eltern kriechen im besten Fall durch alte Ruinen und blättern übereifrig in einem dicken Reiseführer, lesen laut daraus vor, und Vater bringt alles mögliche, bruchstückhafte Wissen aus seiner Schulzeit zum Vorschein. Nicht immer uninteressant, doch auf die Dauer ziemlich fad, weil alles mit gedehnter Ausführlichkeit durchgekaut wird.

Tomas und Nico würden ganz plötzlich auf einem Felsen sagen: „Hier bleiben wir und essen“, wenn sie Hunger verspüren. Aus ihren Taschen holen sie das Picknick, Brot, Wurst, Gurke und Schokolade, und leeren eine Flasche Limonade in einem Zug, ohne daß einer sagt: Trink nicht alles vor dem Essen.

Wie unabhängig sie wären; müßten nicht stundenlang nach einem Restaurant, das entweder geschlossen oder zu teuer ist, nicht die richtigen Gerichte oder keine Plätze zum Draußensitzen hat, suchen. Keine Ermahnung während des Essens, und zwischendurch aufstehen können, rülpsen und schmatzen, wie es gerade kommt. Sicher wird Nico einen Topf mitnehmen; er denkt meistens an alles, und sie könnten Nudeln kochen über einem offenen Feuer. Abends schlagen sie Nicos Zelt auf, um ganz spät in der Nacht darin schlafen zu gehen.

Am nächsten Morgen können sie aufstehen, wann sie wollen, niemand sitzt auf die Uhr schauend am gedeckten, fast abgegessenen Frühstückstisch und erklärt, was sie an diesem Tag unternehmen werden.

Kein geplantes Programm engt sie ein. Vielleicht bepacken sie ihre Fahrräder wieder und ziehen weiter, oder sie bleiben einfach, wo kein Mensch vorbeikommt.

Einen See mit sauberem Wasser zum Baden fände Tomas prima, besser als das Meer mit den ameisenhaufenartigen, menschenübersäten Stränden vor den vielen großen Hotels, wo man doch nicht richtig toben kann und Mutter sich in der Sonne braten läßt und völlig entspannen will.

Tomas überlegt, wie er es den Eltern beibringen und begründen kann, daß er in diesem Jahr nicht mit ihnen fahren will.

Abwechslung, Abenteuer, ein paar Überraschungen muß es doch noch geben. Die Eltern brauchen und wollen nichts Unvorhergesehenes. Alles muß gut vorbereitet und überschaubar sein; schließlich wollen sie sich erholen von der stressigen Arbeit das ganze Jahr über.

Ob sie verstehen, daß Tomas mal was anderes erleben möchte nach dem anstrengenden und langweiligen Schulalltag, mal mit Nico fahren, der ähnliche Interessen hat wie er und dem oft dann noch eine spinnige Idee einfällt, wenn andere sich schon wieder langweilen?
Manchmal hat Tomas allerdings Bedenken, wenn Nico auf zu verrückte Dinge kommt, wie das eine Mal, als er dicken Leim vor die Autoreifen streichen wollte. Er hatte in einem Zeitungsartikel gelesen, daß in Italien von einem Laster Kleber auf die Autobahn geflossen war und die nachfolgenden Autos darauf steckenblieben. So könnte man die Straßen ein bißchen autofrei machen, hatte Nico damals gemeint.
Tomas muß den Eltern sobald wie möglich sagen, was er will, den sie werden sicher in den nächsten Tagen dieselbe Wohnung auf der Insel Cres[1] für den Sommer mieten, wo sie vor zwei, vier, sechs und acht Jahren schon gewesen sind.
Auf der Insel gibt es keinen Strauch, Baum oder Stein, den Tomas nicht kennt. Höchstens kommt mal ein neues Hotel hinzu.
In den Jahren dazwischen haben sie die Halbinsel Istrien „unsicher gemacht", wie Vater immer sagt. Das heißt, Vater und er haben die Gegend erwandert. War ganz schön manchmal, wenn sie auf einem Karren mitgenommen wurden oder er einmal auf einem Esel reiten konnte. Meistens aber hatte er nur schlappe Beine und einen wahnsinnigen Durst.
Abends war die Mutter, die den ganzen Tag am Strand verbracht hatte, dann sehr besorgt um Tomas gewesen, ob er keine Blasen hätte, und sie schimpfte mit dem Vater, die Ferien seien zum Erholen und nicht für irgendwelche anstrengende Unternehmungen da. Daraufhin blieben sie für den Rest der Zeit am Strand, und nichts passierte mehr.
Was wird Mutter jetzt für Bedenken vorbringen? Falls sie zustimmen sollte, würde sie ihm bestimmt am liebsten alle Brote für die gesamten Ferien schmieren und schön in Rationen verpacken, ihm vorschreiben, was er kaufen muß , damit er nicht verhungert und verdurstet; wie oft er seine Unterhose wechseln und sich waschen soll und so weiter.
Tomas überlegt, ob Nico eine Ahnung hat, wie man kocht und was man dazu einkaufen muß. Sicher ist er sich nicht. Vielleicht müssen sie von trockenem Brot und ab und zu von Pommes satt werden. Falls sie ihr Geld verlieren sollten, wäre nicht mal das mehr möglich. Aber Nico würde sicher auch dafür eine Lösung finden.
Und dann das Wetter ... Wenn es dauernd regnet, was in der Schwäbischen

[1] dalmatinische Insel, gehört zu Kroatien

Alb häufiger vorkommen soll, und ihre gesamten Sachen und das Zelt naß und dreckig werden, müßten sie mit dem Zug zurückfahren. Aber die Eltern wären dann nicht zu Hause.

So ganz klar ist sich Tomas immer noch nicht, was er in den kommenden Ferien machen will. Das eine, mit Nico eine Radtour zu machen, ist schön und verlockernd; das andere, mit den Eltern zu fahren, ist ein bißchen sicherer. Man braucht sich um vieles nicht zu kümmern.

Tomas will es von der Reaktion der Eltern abhängig machen. Sind sie sehr unnachgiebig, wird er eben wieder mit ihnen mitfahren, sonst versucht er es einmal zusammen mit Nico. Der wird bestimmt immer alles richtig machen.

Zuerst fragt Tomas vorsichtig beim Vater an. Der hat mehr Verständnis und weniger Bedenken.

Am Abend, während der Fernsehnachrichten, läßt er wie nebenbei die Frage fallen, ob sie denn dieses Jahr wieder nach Jugoslawien fahren.

Statt einer schnellen Antwort stellt der Vater den Fernseher ab. Etwas umständlich macht er Tomas klar, daß dieses Jahr – aus Kostengründen – weil eben nicht genug Geld für eine Reise vorhanden sei – dieses Jahr – wegen der neuen Möbel ... Aber nächstes Jahr können sie bestimmt wieder nach Jugoslawien fahren. Sie hätten sich verkalkuliert und wollten diesen Sommer nur eine Besuchsreise zu alten Freunden in der Nähe des Bodensees machen. Die hätten keine Kinder, aber sie, Tomas, der Freund und der Vater könnten ja wieder die Gegend unsicher machen, oder ... Mutter und er hätten schon überlegt, ob Tomas nicht zusammen mit einem Freund, zum Beispiel mit Nico, eine Fahrradtour machen wollte. Der wäre doch sehr zuverlässig. Sie könnten vielleicht mit dem Zug und dann per Fahrrad in die Schwäbische Alb fahren und Versteinerungen suchen, was Tomas doch immer soviel Spaß mache. Es wäre gut, wenn Tomas mit seinen vierzehn Jahren mal ohne sie, die Eltern, wegführe. Er wäre dann unabhängiger und selbständiger, müßte sich nicht dauernd nach ihnen richten ...

Als die Mutter mit ihrer Zeitschrift hereinkommt und hört, worüber sich „ihre beiden Männer“ unterhalten, sagt sie: „Wenn du willst, aber nur, wenn du auch wirklich möchtest und es dir zutraust, kannst du es dieses Jahr einmal so versuchen!“

Tomas ist erleichtert über die Antwort der Eltern.

Tipp

Gliedere deinen Aufsatz so:

1. Einleitung (Klärung des Sachverhalts).
2. Äußere deine Meinung.
3. Begründe deine Meinung.
4. Nenne zwei wichtige Gegenargumente und entkräfte sie.
5. Schluss.

Formulierungshilfen:

1. Im letzten Jahr war ich mit meinen Eltern in ...
2. Wenn man mir die Wahl ließe, würde ich gern wieder zusammen mit meinen Eltern verreisen/würde ich zukünftig lieber mit meinen Freunden verreisen.
3. Meinen Wunsch möchte ich folgendermaßen begründen: ...
4. Nicht alle Jugendlichen werden meiner Meinung zustimmen. Sie könnten zum Beispiel sagen, dass ...
5. Trotz dieser Gegenargumente möchte ich bei meiner Meinung bleiben, auch zukünftig zusammen mit meinen Eltern zu verreisen /zukünftig lieber mit Freunden zu verreisen.

4.5 Lösungen

12

A Die eigene Meinung
Begründung der eigenen Meinung

B Gegenmeinung + Gegenargumente
Zurückweisung der Gegenargumente

13

Entscheidungsmöglichkeiten:

Ja, die Besorgnisse des Präsidenten sind gerechtfertigt.
Nein, die Besorgnisse des Präsidenten sind **nicht** gerechtfertigt.

14

a) Esthers Meinungsäußerung: Zeile 7 bis Zeile 8.
Silkes Meinungsäußerung: Zeile 8 bis Zeile 9.

b) In Esthers Aufsatz blau unterstreichen: Zeile 9 bis Zeile 27.
In Silkes Aufsatz blau unterstreichen: Zeile 10 bis Zeile 25.

c) Gegenargumente in Esthers Aufsatz (rot unterstreichen): Zeile 28 bis Zeile 32.
Gegenargumente in Silkes Aufsatz (rot unterstreichen): Zeile 26 bis Zeile 33.

d) Bevor Silke die Gründe für ihre Meinung nennt, schreibt sie: Ich möchte meine Meinung mit folgenden Argumenten begründen.
Bevor sie auf die Gegenargumente eingeht, schreibt sie: Man könnte auch die Gegenmeinung vertreten.
Bevor sie die Gegenargumente zurückweist, schreibt sie: Ich meine jedoch, dass diese Gegenargumente wenig Gewicht haben.

e) Sie wiederholt auch ihre Meinung.

15

Mein Vater/meine Mutter will sich um ein hohes politisches Amt bewerben. Würde ich ihm/ihr zu- oder abraten?

Welche Entscheidungen sind bei diesem Thema möglich?

1. Ich würde meinem Vater/meiner Mutter zuraten.
2. Ich würde meinem Vater/meiner Mutter abraten.

(Aufsatz von Christine K.:)

Meine Meinung

In der Schule haben wir über den neuen Präsidenten der USA und über seine Tochter Chelsea gesprochen. Ich würde meinem Vater, wenn er sich um ein hohes politisches Amt bewerben würde, sicherlich abraten.

Gründe für meine Meinung

Meine Entscheidung möchte ich so begründen:

Durch das neue Amt hätte mein Vater viel Stress, er müsste auch an den Wochenenden dienstbereit sein. Er hätte viel weniger Urlaub als jetzt (er ist Lehrer) und wir könnten nicht mehr so oft gemeinsam verreisen. Papa müsste sein Hobby, den Motorsport, aufgeben, weil dieses Hobby sehr viel Zeit in Anspruch nimmt. Es würde von ihm erwartet werden, dass er immer hinter seiner Partei steht, auch wenn er vielleicht andere persönliche Überzeugungen hätte. Wegen der Sitzungen, Konferenzen, Parteitage usw. müsste mein Vater viel reisen, ich würde ihn kaum noch sehen. Zumindest wäre ein Umzug zur neuen Dienststelle notwendig oder er müsste sich eine teure Zweitwohnung mieten. Bei einem Umzug würden alle Familienmitglieder ihre Freunde hier verlieren und ich müsste irgendwo in einer neuen Schule ganz neu anfangen. Mein Vater würde vielleicht populär werden, im Fernsehen Interviews geben und für die Zeitung fotografiert werden, aber im Extremfall brauchte er einen Bodyguard, da man Angst vor Anschlägen und Attentaten haben müsste, die sich in letzter Zeit gegen Politiker häufen. In unserer Lebensführung müssten wir die öffentliche Meinung berücksichtigen und uns entsprechend benehmen. Das alles ist wenig verlockend.

Argumente für die Gegenmeinung – Zurückweisung der Gegenargumente

Man könnte vielleicht auch die Gegenmeinung vertreten. Mein Vater würde durch das neue Amt mehr Geld verdienen, aber ein großer Teil würde für das aufwendigere Leben verbraucht werden. Und was ist noch so viel Geld wirklich wert, wenn das Familienleben durch den Beruf des Vaters zerstört wird? – Mein Vater könnte vielleicht politischen Einfluss ausüben und eigene Vorschläge, zum Beispiel zum Schulwesen, vorlegen. Aber ist denn überhaupt sicher, dass über vernünftige Vorschläge diskutiert wird, wenn kein Geld für die Schulen vorhanden ist? – Mein Vater hätte vielleicht größere Aufstiegsmöglichkeiten als jetzt, aber je höher sein Amt ist, desto mehr Stress würde er haben, vielleicht auch Neid und Feindschaft zu spüren bekommen.

Schlusssatz

Es gibt also genug Gründe, warum ich meinem Vater von so einem Amt ganz bestimmt abraten würde.

(Aufsatz von Verena J.:)

Im Unterricht haben wir einen Zeitungsartikel über den amerikanischen Präsidenten Bill Clinton und seine zwölfjährige Tochter Chelsea behandelt. Auf mein persönliches Leben bezogen möchte ich jetzt überlegen, ob ich meinem Vater oder meiner Mutter zu- oder abraten würde sich ebenfalls um ein hohes politisches Amt zu bewerben.

Meine Meinung

Ich würde ihnen durchaus zuraten, und meine Meinung mit folgenden Argumenten begründen:

Gründe für meine Meinung

Wir, meine Familie und ich, würden in eine größere Stadt umziehen, wo mein Vater/meine Mutter in Zukunft arbeiten würden. Höchstwahrscheinlich wäre das eine Großstadt, in der immer viel los ist. Mein Vater/meine Mutter würde in einem hohen politischen Amt viel mehr Geld verdienen als jetzt, sodass wir viele Reisen in fremde Länder machen könnten. Ich finde es sehr interessant, viel über fremde Länder und fremde Kulturen zu erfahren. Ich würde in Deutschland und im Ausland viele Menschen kennenlernen, das kann mir später in meinem Leben nur nützlich sein.

Argumente für die Gegenmeinung

Man könnte allerdings auch die Gegenmeinung vertreten: Durch den Umzug, zum Beispiel nach Hannover oder nach Berlin, müssten wir viele liebe Freunde und Bekannte hier zurücklassen. Nicht nur mein Vater, sondern meine ganze Familie müsste die Journalisten und die Pressefotografen ertragen. Vielleicht wären wir durch Terroristen und Kidnapper gefährdet. Möglicherweise hätte mein Vater/meine Mutter kaum noch Zeit sich um mich und meinen Bruder zu kümmern.

Zurückweisung der Gegenargumente

Diese Gegenargumente finde ich nicht überzeugend. Wir würden in Hannover oder in Berlin bestimmt viele neue Freunde finden, und wenn wir viel Geld hätten, könnten wir unsere Freunde hier in Meppen oft besuchen (Privatflugzeug). An den Umgang mit der Presse würden wir uns bestimmt bald gewöhnen, auch jetzt darf ich nicht tun, was ich will, sondern muss auf die Nachbarschaft Rücksicht nehmen. Gegen die Gefahr durch Kidnapper oder Terroristen könnte wir uns mit einem Bodyguard schützen. Mein Vater/meine Mutter könnte sich auch dann, wenn er/sie ein hohes politisches Amt bekleidet, ausreichend Zeit für meinen Bruder und mich nehmen und ich bin mir sicher, dass sie das auch tun würden, und schließlich wäre der andere Elternteil ja auch noch für uns da.

Trotz der Einwände, die mich aber nicht überzeugt haben, würde ich meinem Vater/meiner Mutter zuraten sich um ein hohes politisches Amt zu bewerben, wenn das wirklich ihr Wunsch ist.

Schlusssatz

16

Welche Entscheidungsmöglichkeiten gibt es bei diesem Thema?

1. Ich möchte lieber mit meinen Eltern in den großen Ferien verreisen.

2. Ich möchte lieber mit gleichaltrigen Freunden in den großen Ferien verreisen.

Kapitel 5

Erörterungen nach dem Schema: Gegenmeinung/eigene Meinung

5.1 Mit der Gegenmeinung beginnen?

Wenn du das Kapitel 4 dieser Lernhilfe sorgfältig durchgearbeitet hast, wird es dir ganz natürlich erscheinen, dass du bei einer Erörterung zunächst deine eigene Meinung äußerst und begründest, bevor du auf die Gegenmeinung und auf die möglichen Gegenargumente eingehst. Trotzdem ist zu überlegen, ob nicht auch der umgekehrte Weg sinnvoll sein könnte: zunächst auf die Gegenmeinung eingehen, erst dann die eigene Meinung vortragen.

Erörterungen werden nicht nur in der Schule geschrieben, sondern auch außerhalb. Beispiele:

- Jemand liest in der Zeitung einen Kommentar. Wenn der Zeitungsleser mit dem Inhalt nicht einverstanden ist, könnte er einen Leserbrief schreiben. Den würde er sinnvollerweise so gliedern: Was stand in dem Kommentar? Warum ist das nicht zu akzeptieren oder falsch? Wie lautet die eigene (richtige) Meinung?

- Ein Politiker im Bundestag, der zur Opposition gehört, hat eine andere Meinung als sein Kollege, der der Regierungspartei angehört. Bevor der Oppositionspolitiker seine eigene Meinung äußert, ist es sinnvoll, dass er zunächst ausführt, warum die Meinung seines politischen Gegners falsch ist. Erst dann äußert er seine Meinung und begründet sie.

→ Ebenso ist es, wenn ein Wissenschaftler einen Artikel für eine Fachzeitschrift schreibt. Bevor er seine neuen Erkenntnisse darstellt, ist es sinnvoll, dass er den bisherigen Kenntnisstand darstellt und als falsch oder lückenhaft zurückweist. – Ich setze den Fall, dass der Wissenschaftler ein Verkehrsexperte ist, der über Crashtests mit Personenwagen schreiben möchte. Früher wurden Crashtests so durchgeführt, dass ein Auto frontal gegen eine Betonwand stieß. Der Wissenschaftler könnte diese Art der Crashtests beschreiben und kritisieren: „Es ist unrealistisch , dass ein Auto frontal auf ein Hindernis stößt. Es ist auch unrealistisch, dass ein Auto auf ein starres Hindernis stößt ... “ Er könnte das mit Zahlen aus der Unfallstatistik beweisen. Viel häufiger kommt es vor, dass ein Auto gegen ein anderes Auto stößt – und nicht frontal, sondern mehr von der Seite. Daraus zieht der Experte den Schluss, dass Crashtests anders als bisher durchgeführt werden müssen.

5.2 Beispiele für Erörterungen nach dem Schema: Gegenmeinung/eigene Meinung

Du kennst vom Fernsehen die Sendereihe **Pro & Contra.** Experten mit unterschiedlichen Meinungen werden eingeladen. Auch ein großes Nachrichtenmagazin gibt in jeder Ausgabe unter der Überschrift **Pro & Contra** Experten das Wort, die unterschiedliche Meinungen zu aktuellen Problemen äußern. In dem folgenden Beispiel geht es um **Gaffer.** Das sind Schaulustige, die sich schnell bei Verkehrsunfällen einfinden, manchmal in so großer Zahl, dass sie Polizei und Rettungsdienste behindern. Wie soll man gegen diese Gaffer vorgehen? Wäre ein Bußgeld ein wirksames Mittel?

Zwei Experten äußern sich dazu. Erwin Hetger ist für das Bußgeld, Harald Thiemann dagegen. Lies zunächst das Statement von E. Hetger durch:

JA

Erwin Hetger

Der 50-jährige Jurist ist seit 1990 Landespolizeipräsident in Baden-Württemberg. Zuvor war der Beamte auch auf Bundesebene an der Erarbeitung sicherheitspolitischer Grundsatzentscheidungen beteiligt

Es ist leider fast ein tägliches Phänomen, dass Polizei und Rettungsdienste bei Schwerstunfällen durch Schaulustige massiv behindert werden – und das, obwohl oft wenige Minuten lebensentscheidend sein können. Getrieben von der Gier zu gaffen setzt bei großen Unfällen ein wahrer Katastrophentourismus ein, der die Anfahrtswege für die Rettungsfahrzeuge blockiert.

Es liegt mir fern, bei derartigen Fallkonstellationen gleich nach einer neuen Abstrafmöglichkeit zu rufen. Dem „Voyeurismus" am Unfallort würde ich liebend gern – und dies entspräche auch meinem Bild des Miteinander von Bürger und Polizei – mit polizeilicher Überzeugungsarbeit begegnen.

Nur, wenn dies nichts fruchtet, muss ein Zahn zugelegt werden. Es kann nicht hingenommen werden, dass Schaulustige Rettungseinsätze behindern und damit Menschenleben gefährden.

Ich plädiere für ein differenziertes Vorgehen der Polizei. Sie soll den Gaffern nicht sofort mit einem Bußgeld entgegentreten.

Sie soll sie, wenn sie Rettungsarbeiten behindern, erst auffordern den Unfallort zu verlassen. Kommen sie diesem „Platzverweis" nicht nach, ist ein Bußgeld fällig: tunlichst in dreistelliger Höhe, weil nur dann die erhoffte präventive Wirkung eintritt. Hierzu benötigen wir eine Rechtsgrundlage in den Polizeigesetzen. Natürlich wird die Polizei sich weiterhin auf die Rettungsarbeit konzentrieren.

Nur wenn es zur Gefahrenabwehr notwendig ist, wird die Befriedigung der Gafferlust mit Bußgeld unterbinden.

> „Wer einen Platzverweis nicht ernst nimmt, muss dafür Bußgeld bezahlen"

5 Gegenmeinung/eigene Meinung

17 H. Thiemann ist anderer Meinung. Er weist zunächst die Argumente von E. Hetger zurück, bevor er seine eigene Meinung äußert. Nimm einen Rotstift und zeichne eine lange Schlangenlinie neben die Zeilen, wo die Gegenmeinung zurückgewiesen wird.

NEIN

Harald Thiemann

Der 48-jährige Diplomverwaltungswirt aus Duisburg ist seit 1991 Vorsitzender der Deutschen Polizeigewerkschaft im Deutschen Beamtenbund (DPolG). Gleichzeitig ist er Landesvorsitzender in Nordrhein-Westfalen

Schön wärs, wenn sich Probleme so einfach lösen ließen. Ein saftiges Bußgeld hätten sie schon verdient, die Schaulustigen, die am Unfall- oder Unglücksort ihre Sensationsgier befriedigen und den Helfern im Wege stehen. Nicht selten produzieren sie zusätzliche Gefahrensituationen: kilometerlange Staus auf der Autobahn, wenn auf der Gegenfahrbahn ein Unfall passiert ist, oder Menschenmassen, die die Rettungswege versperren.

Aber auch eine noch so hohe Bußgeldandrohung hilft kaum weiter. Tatsache ist doch, dass die Polizei jede Frau und jeden Mann braucht, wenn Gefahren zu beseitigen sind.

„Wenn Menschen um Hilfe schreien, kann die Polizei doch nicht das Notizbuch zücken"

Wenn Menschen um Hilfe schreien, geschockt und verwundet sind, kann die Polizei doch nicht das Notizbuch zücken und beginnen die Personalien der Schaulustigen zu notieren. Niemand kann das ernsthaft wollen.

Wie in vielen anderen Lebenslagen auch ist die Androhung einer Sanktion weder praktikabel noch Erfolg versprechend. Und was ohnehin in der Praxis niemals durchsetzbar sein wird, sollte der Gesetzgeber auch nicht formulieren. Gesetze haben wir ohnehin zu viel.

Hinnehmbar ist das Gaffen deshalb nicht. Alles muss daran gesetzt werden, den Menschen Einsicht zu vermitteln, sich zurückzuhalten und Rettungsarbeiten nicht zu gefährden.

Gewiss, Neugierde ist eine natürliche menschliche Eigenschaft, Sensationsgier als ihre stark übersteigerte Ausprägung muss in den Griff bekommen werden. Zu viele Menschen bringen sich und andere mit ihr in Gefahr.

Focus 15/1995

Als ich die Meinungen der beiden Experten im Verkehrsunterricht mit meinen Schülerinnen und Schülern besprach, meldete sich Beatrice und sagte: „Beide Experten sind der Meinung, dass die Gaffer etwas Unrechtes tun und bestraft werden müssten. Ich frage mich, ob Gaffer wirklich nur Voyeure sind, die ihre Gier nach Sensationen befriedigen wollen. Ich könnte mir vorstellen, dass die so genannten Gaffer eigentlich ganz andere Motive haben ... “ Die Mitschüler waren verwundert, es wurde diskutiert.

5 Gegenmeinung/eigene Meinung

Beatrice hat zu dem Thema einen Aufsatz geschrieben. Lies ihn aufmerksam durch. Überzeugt dich der Aufsatz?

Thema:
Sind Gaffer Kriminelle, die bestraft werden müssen?

Der Begriff „Gaffer" drückt die ganze Missbilligung aus, die diesen Voyeuren und Katastrophentouristen entgegengebracht wird. Erwin Hetger will die Gaffer mit saftigen Bußgeldern bestrafen, möglichst „in dreistelliger Höhe". Auch Harald Thiemann hält das Gaffen für „nicht hinnehmbar".

Warum sind nach Meinung der beiden Experten die „Gaffer" Kriminelle? Die Schaulustigen wollen nichts anderes als ihre Gier nach Sensationslust befriedigen; sie behindern die Rettungsfahrzeuge und die Arbeit der Notärzte; sie verursachen zusätzliche Gefahrensituationen, z.B. durch einen Stau in der Gegenrichtung.

Ist die Verurteilung der „Gaffer" wirklich so eindeutig und unbezweifelbar? – Ich möchte darauf hinweisen, dass im Lokalteil vieler Tageszeitungen sehr häufig Fotos von Verkehrsunfällen abgedruckt werden. Soll damit auch nur die Sensationsgier der Zeitungsleser befriedigt werden? Oder haben die Fotos nicht eher den Zweck, die Leser immer wieder anschaulich auf die Gefahren des

Straßenverkehrs hinzuweisen, damit sie sich – im eigenen Interesse – vorsichtig und rücksichtsvoll verhalten? Noch viel schockierender wirkt es, wenn man mit eigenen Augen einen wirklichen Unfall und die schrecklichen Folgen sieht. Man wird die Bilder nicht so schnell vergessen und sich deshalb diszipliniert im Verkehr verhalten. Ich habe vor einigen Monaten durch Zufall einen verletzten Radfahrer gesehen und fahre seitdem viel vorsichtiger.

Sicher, wer einen Verkehrsunfall sieht, darf die Rettungsarbeiten auf keinen Fall behindern. Als Regel könnte zum Beispiel gelten: 20 Meter Abstand halten! Wer näher herankommt, wird mit Gewalt zurückgedrängt. Das ist in jeder Hinsicht besser als erst nach Monaten einen Bußgeldbescheid zuzustellen.

18

a) Wie ist dieser Aufsatz gegliedert?
Schreib die Gliederung neben den Aufsatz.
Ergänze hier die Zeilenzahlen

Gegenmeinung	**Zeile**	**bis** ....
Argumente für die Gegenmeinung	**Zeile**	**bis** ....
Eigene Meinung + Begründung	**Zeile**	**bis** ....
Schluss	**Zeile**	**bis** ....

b) Beatrice verwendet in ihrem Aufsatz viele Fragen.

Es sind insgesamt:

Gib die Zeilen an: 9–10,

Die Frage „**Warum sind nach Meinung … ?** leitet die Aufzählung der Gegenargumente ein.

Die anderen sind **rhetorische Fragen:** Sie legen dem Leser die Antwort in den Mund. Welche Antwort erwartet Beatrice?

Ist die Verurteilung der „Gaffer" wirklich so eindeutig und unbezweifelbar?
Erwartete Antwort: ....
Soll damit auch nur die Sensationsgier der Zeitungsleser befriedigt werden?
Erwartete Antwort: ....
Oder haben die Fotos nicht eher den Zweck, die Leser immer wieder auf die Gefahren des Straßenverkehrs hinzuweisen, damit sie sich – im eigenen Interesse – vorsichtig und rücksichtsvoll verhalten?
Erwartete Antwort: ....

Rhetorische Fragen sind ein geschicktes Mittel, um den Leser so zu beeinflussen, dass er der eigenen Meinung zustimmt. Verwende dieses Mittel auch mal in deinen Aufsätzen!

c) Das Gliederungsschema **Gegenmeinung /eigene Meinung** kann dazu führen, dass dich der Leser falsch versteht. Wenn du zunächst die Gegenmeinung darstellst, achte darauf, dass du ganz klar sagst: „Das ist nicht ***meine*** Meinung, sondern die Meinung von … " Vertraue nicht darauf, dass der Leser schon von alleine versteht, was deine Meinung und was die Gegenmeinung ist.

Beatrice beginnt die Darstellung der Gegenmeinung so:

Warum sind .... die „Gaffer“ Kriminelle?

(Ergänze die Lücke.)

Damit hat die Schülerin klargestellt, dass das nicht **ihre** Meinung ist, sondern die Meinung der beiden Experten. – Achte auf solche Klarstellungen auch in deinen Aufsätzen!

5.3 Übungsaufgaben

19 In meiner Klasse 8 stand eine Wanderung an. Die Schülerinnen und Schüler diskutierten ziemlich lautstark, wohin wir fahren sollten. Zur Auswahl standen ein Freizeitpark und der Vogelpark Walsrode.

Weil sich die Schülerinnen und Schüler nicht einigen konnten, gab ich ihnen als Hausaufgabe einen Aufsatz auf:

Thema:
Wohin möchtest du fahren, zum Freizeitpark oder zum Vogelpark?*

Ich gab folgende Zusatzhinweise:

1. Schreib zunächst, wohin du **nicht** fahren möchtest. Warum nicht?

2. Schreib dann, welches Ziel du bevorzugst, und nenne deine Gründe.

Ich hoffte, dass sich die Schülerinnen und Schüler die Ziele noch einmal gut überlegen und sich dann nicht nur mit Geschrei, sondern mit guten Gründen für ein Ziel entscheiden würden.

20 In deinem Alter macht man sich schon mal Gedanken, welchen Beruf man später ausüben möchte. Das folgende Thema geht auf eine grundsätzliche Frage ein.

Thema:
Sollte man seinen zukünftigen Beruf nach seinen Neigungen und Interessen oder nach wahrscheinlichen Anstellungschancen wählen?

* Einen fertigen Aufsatz zu diesem Thema findest du in den Lösungen, Seite 89–90 .

Welche Entscheidungsmöglichkeiten gibt es?

Aus den Heften meiner Schüler zitiere ich einige Entscheidungen, die sehr unterschiedlich ausgefallen sind. (Kreuze die Entscheidung an, die du in deiner Situation für richtig hältst.)

○ Wenn man deutliche Interessen und Neigungen hat, sollte man sich nach ihnen richten. Man wird Ungewöhnliches leisten und auf jeden Fall eine Anstellung finden. (Mozart wäre sicher kein guter Rennfahrer geworden und Michael Schumacher kein guter Komponist.)

(Sascha N.)

5 Gegenmeinung/eigene Meinung

○ Wenn man keine ausgeprägten Interessen, Neigungen und Begabungen hat, sollte man sich nach den wahrscheinlichen Anstellungschancen richten. Auch wenn man vielseitig begabt ist, sollte man das tun.

(Yvonne T.)

○ Optimal wäre es, wenn man eventuell vorhandene Interessen und Begabungen mit den wahrscheinlichen Anstellungschancen in Einklang bringen könnte.

(Katarina P.)

○ Ich würde mich in jedem Fall nach den wahrscheinlichen Anstellungschancen richten. Meine Interessen und Neigungen kann ich als Hobbys pflegen.

(Thimo L.)

○ Die Interessen und Neigungen, die ich heute habe, können sich später ändern. Früher wollte ich Sängerin oder Schauspielerin werden, weil ich bei einer Theateraufführung in der Schule Erfolg hatte. Heute habe ich andere Interessen.

(Lisa F.)

○ Mein Vater besitzt ein Hotel, das ich später übernehmen werde. Ich wäre dumm, wenn ich das nicht tun würde, nur weil ich glaube, andere Interessen zu haben. Ein Hotelier braucht vielfältige Interessen um es seinen Gästen recht zu machen.

(Jörg H.)

Kannst du noch weitere Entscheidungsmöglichkeiten nennen?
Begründe deine Entscheidung.
Welches sind die wichtigsten Gegenargumente?
Wie könnte man sie entkräften?
Beim Ausformulieren deines Übungsaufsatzes fängst du auch hier wieder mit der Gegenmeinung an.

5 Gegenmeinung/eigene Meinung

21 Ich hatte darauf hingewiesen, dass in einigen Bundesländern besonders häufig Themen für Erörterungen im Anschluss an die literarischen Texte gestellt werden, die im Unterricht gelesen werden. – Du erinnerst dich an Schillers Schauspiel „Wilhelm Tell". Eine der wichtigsten Szenen ist die Ermordung von Geßler durch Tell.

Tell hat sich hinter einem Holunderstrauch versteckt und erschießt den Landvogt, als dieser durch einen Hohlweg reitet.

Thema:
„Tell hätte Geßler nicht töten dürfen."
Nimm zu dieser Behauptung Stellung.

Tipp

Damit du diese schwierige Frage angemessen beantworten kannst, zitiere ich aus Schüleraufsätzen Argumentationshilfen:

a) Was spricht **dagegen,** dass Tell den Landvogt töten durfte?

→ „Du sollst nicht töten!" ist ein christliches Gebot, das grundsätzlich auch für Tell und Geßler gilt.
→ Tells persönliche Rache würde als Rechtfertigung für das Attentat nicht ausreichen.
→ Es gibt kein „Gerichtsurteil" gegen Geßler, das ihn zum Tode verurteilt.
→ Der Schuss aus dem Hinterhalt könnte den Eindruck der Feigheit hervorrufen.
→ Wenn der Schuss fehlgegangen wäre, hätten Tells Familie und seine Freunde schwer büßen müssen.

Nenne noch weitere Argumente:

b) Was spricht **dafür,** dass Tell den Landvogt töten durfte/musste?

→ Geßler ist ein Tyrann. Nicht nur Tell, sondern das ganze Schweizer Volk sieht in Geßler einen Tyrannen.
(Sieh im Lexikon nach, was man unter einem „Tyrannen" versteht.)
→ Geßler hat wiederholt elementare Menschenrechte verletzt. (Er zwingt Tell, auf seinen Sohn zu schießen; der alte Melchtal wird geblendet ...). Nenne weitere Verbrechen Geßlers gegen die Menschlichkeit:

Gedanke für den Schluss des Übungsaufsatzes:
Im Gegensatz zu Tell, dem Freiheitskämpfer, steht Johannes Parricida, Herzog von Schwaben, der einen ungerechtfertigten Mord begangen hat, nur weil er persönliches Unrecht erlitten hat.

5.4 Lösungen

17 Rote Schlangenlinie neben die Zeilen: „Aber auch eine noch so hohe Bußgeldandrohung ... Gesetze haben wir ohnehin zuviel."

a) Gegenmeinung: Zeile 4 bis 8
Argumente für die Gegenmeinung: Zeile 9 bis 17
Eigene Meinung + Begründung: Zeile 18 bis 39
Schluss: Zeile 40 bis 47

b) Es sind insgesamt: 4
Gib die Zeilen an: 9–10, 18–19, 23–25, 25–30.

18 **Ist die Verurteilung der „Gaffer" wirklich so eindeutig und unbezweifelbar?**
Erwartete Antwort: Nein!
Soll damit auch nur die Sensationsgier der Zeitungsleser befriedigt werden?
Erwartete Antwort: Nein!
Oder haben die Fotos nicht eher den Zweck, die Leser immer wieder auf die Gefahren des Straßenverkehrs hinzuweisen, damit sie sich – im eigenen Interesse – vorsichtig und rücksichtsvoll verhalten?
Erwartete Antwort: Ja!

c) Warum sind **nach Meinung der beiden Experten** die „Gaffer" Kriminelle?

Wohin möchtest du fahren, zum Freizeitpark oder zum Vogelpark?

Kurz vor den großen Ferien werden wir einen Klassenausflug machen. Wohin, ist noch unklar. Zur Auswahl stehen ein großer Freizeitpark oder der Vogelpark in Walsrode.	**Einleitung (Klärung des Sachverhalts)**
Ich vermute, dass die meisten Mitschüler lieber in den Freizeitpark fahren. Dort gibt es viele Attraktionen wie Achterbahn, Riesenrutsche, Skooter, Shows und andere Unterhaltungsmöglichkeiten, die viel Spaß machen. Die meisten Angebote sind kostenlos, wenn man den Eintritt bezahlt hat.	**Gegenmeinung Argumente für die Gegenmeinung**
19 Ich habe drei Gründe, warum ich nicht gern zu dem Freizeitpark fahren würde: 1. Ich war schon mehrmals in solchen Freizeitparks. 2. Einige Attraktionen, wie zum Beispiel die Achterbahn, sind nichts für mich, weil mir leicht schwindlig wird. 3. Ich frage mich, warum man mit Klassenkameraden und Lehrer in einen Freizeitpark fahren soll, wo es nichts anderes als Spaß und Zeitvertreib gibt.	**Zurückweisung der Gegenmeinung**
Ich würde viel lieber in den Vogelpark Walsrode fahren. Mein wichtigster Grund ist, dass ich mich sehr für Tiere interessiere. Zu Hause hat mein Bruder ein schönes Aquarium und ich habe zwei Wellensittiche. Obwohl sie	**Eigene Meinung Gründe für die eigene Meinung**

Männchen und Weibchen sind, heißen sie Max und Moritz. Ich mag die beiden beobachten, mit ihnen spielen und versuche ihnen das Sprechen beizubringen, was mir aber noch nicht gelungen ist. – Weil ich mich für Vögel interessiere, habe ich zum Geburtstag Bücher über Vögel bekommen. Ich würde mich sehr freuen, wenn ich exotische Vögel in Wirklichkeit sehen könnte.

Schluss

Sicherlich könnte ich auch mit meinen Eltern zum Vogelpark fahren. Aber mein Vater muss jeden zweiten Sonntag arbeiten, sodass sich die Gelegenheit für einen Ausflug dorthin in der nächsten Zeit nicht ergeben wird.

(Bettina F.)

Kapitel 6

Erörterungen nach dem Schema: Argumente für A und B/Diskussion

6.1 Gliederungsmöglichkeiten

Es gibt mehrere Gliederungsmöglichkeiten für Erörterungen. Du hast in den Kapiteln 4 und 5 zwei sehr unterschiedliche Gliederungen kennen gelernt. Beide werden nicht nur in der Schule, sondern auch später (Studium, Beruf) überall angewendet. In der Schule wird von Deutschlehrern noch eine weitere Variante verlangt, die schwierig ist.

Im Prinzip geht diese Variante folgendermaßen:

Derjenige, der den Aufsatz schreibt, lässt zunächst noch nicht erkennen, welchen Standpunkt er vertreten möchte. Er stellt, ganz sachlich und unvoreingenommen, die Argumente für die Position A zusammen. Im nächsten Abschnitt werden die Argumente für die Gegenposition B zusammengestellt, wiederum sachlich und unvoreingenommen. Im 3. Abschnitt erfolgt dann eine „Diskussion" der Argumente für A und B: Welche Argumente sind zutreffend? Warum? Welche Argumente sind abzulehnen? Warum? – Das Ergebnis der Diskussion ist schließlich die eigene Meinungsäußerung. Die kann so aussehen: Du schließt dich entweder der Position A an oder der Position B oder – wenn für beide Positionen sinnvolle Argumente vorhanden sind – nimmst eine mittlere Position ein: In manchen Fällen entscheidest du dich so, in anderen Fällen anders.

Die beiden Gliederungsmöglichkeiten der Kapitel 4 und 5 und die neue Gliederungsvariante findest du in der Übersicht auf der nächsten Seite.

Gliederungsmöglichkeiten

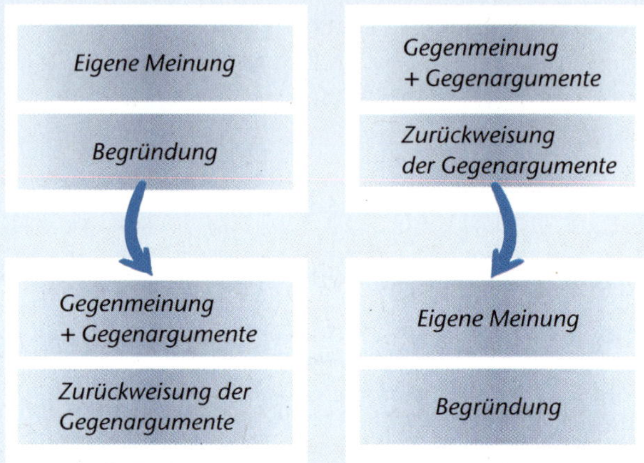

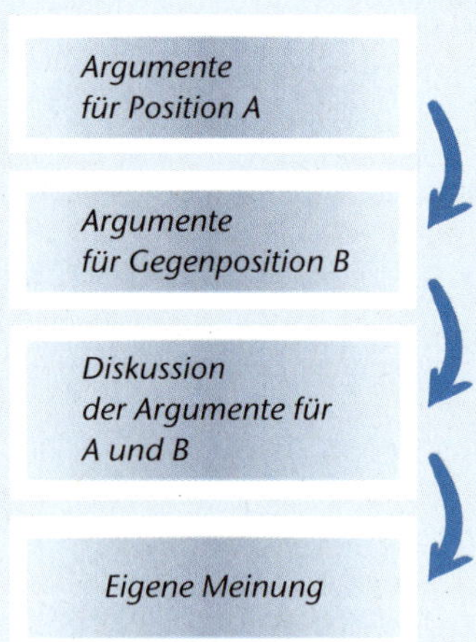

6.2 Beispiel für eine Erörterung nach dem Schema: Argumente für A und B/Diskussion

Das Thema für den Aufsatz stammt aus einer großen deutschen Sonntagszeitung. Dort wurde von einem Drogen-Test-Set berichtet, das in England verkauft wird. Wie das Test-Set funktioniert, kannst du dem Zeitungsartikel entnehmen.

Heimlich testen, ob die Kinder Drogen nehmen?

rem London

In London hat ein Drogen-Test-Set, mit dem Eltern ohne das Wissen ihrer Kinder prüfen können, ob ihr Nachwuchs Drogen nimmt, heftige Diskussionen ausgelöst.

Mit Hilfe des Test-Sets können die Eltern genau analysieren, ob ihre Kinder Drogen nehmen, und wenn ja, um welche Drogen es sich handelt. Alles, was sie dafür brauchen, „ist ein Haar des Kindes, diskret auf dem Kopfkissen aufgelesen“, heißt es in der Gebrauchsanweisung.

Drogenberater und Pädageogen fürchten, dass durch derartige Kontrollmethoden Kinder gegen ihre Eltern aufgebracht werden können. Alasdair Cant, Sprecher einer großen englischen Wohltätigkeitsorganisation, die sich um junge Drogenabhängige kümmert, verurteilt die Benutzung des Drogen-Test-Sets: „Mit derartigen Methoden wird das notwendige Vertrauensverhältnis zwischen Jugendlichen und Eltern schwer gestört. Die Kinder fühlen sich hintergangen. Das macht alles noch viel schlimmer.“

Der Hersteller des Tests wolle mit der Angst der Eltern lediglich Profit machen, kritisieren die Experten. Die Bemühungen, die Kinder auf der Basis des Vertrauens über die Gefahren von Drogen zu informieren und sie dadurch fernzuhalten, würden untergraben.

Manche Eltern, die den Test bereits angewandt haben, sind anderer Ansicht. Sie sehen darin eine Möglichkeit, rechtzeitig Drogenmissbrauch zu erkennen und ihre Kinder vor Sucht zu schützen. Viele Eltern haben Schwierigkeiten ihre Kinder zu einem offenen Gespräch zu bewegen, wenn diese in der Pubertät sind, und mit ihnen direkt über dieses Thema zu sprechen. „Das Test-Set gibt mir Sicherheit“, sagt eine Mutter.

6 Argumente für A und B/Diskussion

Thema:
Bist du für oder gegen den Verkauf des Drogen-Test-Sets?

Stoffsammlung

a) Argumente dafür und dagegen:

Der Artikel enthält eine Reihe von Argumenten für und gegen den Verkauf des Drogen-Test-Sets, die du für deinen Aufsatz verwenden kannst.

Gegen den Verkauf des Drogen-Test-Sets sind Drogenberater, Pädagogen und Alasdair Cant, Sprecher einer großer englischen Wohltätigkeitsorganisation.

Ihre Argumente (in der Reihenfolge, wie sie im Artikel genannt werden):

1 Das Vertrauensverhältnis zwischen Jugendlichen und Eltern wird schwer gestört.

2 Die Kinder fühlen sich hintergangen.

3 Die Hersteller des Sets wollen mit der Angst der Eltern Profit machen.

4 Weil das Vertrauensverhältnis Schaden genommen hat, können die Eltern ihre Kinder nicht mehr über die Gefahren von Drogen informieren.

(Schreib die Zahlen neben die Zeilen des Artikels, wo diese Argumente genannt werden.)

Für die Sets haben sich „manche Eltern“ ausgesprochen.

Ihre Argumente (auch in der Reihenfolge, wie sie im Artikel genannt werden):

5 Die Eltern können auf diese Weise rechtzeitig den Drogenmissbrauch erkennen und die Kinder vor der Sucht schützen.

6 Viele Eltern haben Schwierigkeiten mit ihren Kindern ein offenes Gespräch zu führen, besonders während der Pubertätszeit.

7 Die Eltern können durch den Test Sicherheit erlangen.

(Schreib auch hier die Zahlen neben die Zeilen des Artikels, wo die Argumente genannt werden.)

Wenn dir noch weitere Argumente für oder gegen die Drogen-Test-Sets einfallen, ergänze sie hier:

b) Diskussion der Argumente:

- Gegen das Argument **3** kann man nichts einwenden: Sicher wollen die Hersteller mit den Sets Geld verdienen. (Dieses Argument erscheint unwesentlich.)

- Bei den Argumenten **1, 2, 4** geht es um das Vertrauensverhältnis zwischen Eltern und Kindern. Das Vertrauensverhältnis ist nicht erst in dem Augenblick gestört, wenn die Eltern das Test-Set kaufen, sondern bereits vor dem Kauf. Wenn die Eltern Vertrauen hätten, brauchten sie nicht das Geld für ein Test-Set auszugeben.

- Beim Argument **5** erscheint der Hinweis auf die **Rechtzeitigkeit** fragwürdig. Haare wachsen langsam. Wenn man aus einem Haar nachweisen kann, dass Drogen genommen werden, muss das schon **längere** Zeit geschehen sein.

- Argument **6**: Mit Jugendlichen wie auch mit erwachsenen Drogenabhängigen kann man kein vernünftiges Gespräch führen.

6 Argumente für A und B/Diskussion

- Zum Argument **7** ist zu sagen: Wenn der Test positiv ausfällt, müssen die Eltern doch das Gespräch suchen oder andere Maßnahmen ergreifen (Jugendamt, Drogenberatung).

c) Eigene Meinung (Ergebnis der Diskussion):

Man sollte sich **gegen** den Verkauf des Test-Sets aussprechen. Die Eltern haben davon keinen Nutzen. Eltern sollten das Thema Drogen **spätestens** dann ansprechen, wenn sie einen Verdacht haben, dass ihr Kind Drogen nimmt, besser früher.

Nach dieser umfangreichen Stoffsammlung hat Christoph B. einen sehr interessanten Aufsatz geschrieben:

Bist du für oder gegen den Verkauf des Drogen-Test-Sets?

Einleitung: Klärung des Sachverhalts

In England gibt es seit kurzem ein Drogen-Test-Set, mit dem man feststellen kann, ob jemand Drogen nimmt. Ein einziges Haar reicht aus um den Test durchzuführen. Eltern können ein ausgefallenes Haar vom Kopfkissen ihres Kindes verwenden um heimlich den Test durchzuführen. – Es ist eine heftige Diskussion entstanden, ob es überhaupt sinnvoll ist, die Test-Sets zu verkaufen.

Argumente gegen den Verkauf

Drogenberater und Pädagogen sind gegen den Verkauf. Ihr wichtigstes Argument ist, dass das Vertrauensverhältnis zwischen Jugendlichen und ihren Eltern schwer gestört wird. Die Kinder fühlen sich hintergangen und sind deshalb nicht mehr zu einem offenen und ehrlichen Gespräch mit ihren Eltern bereit, wenn diese sie über die Gefahren der Drogen aufklären wollen.

Argumente für den Verkauf

Manche Eltern befürworten jedoch die Tests. Sie versprechen sich, dass sie auf diese Weise rechtzeitig den Drogenmissbrauch ihrer Kinder erkennen können. Weil viele Eltern während der Pubertätszeit der Jugendlichen kein offenes Gespräch führen können, erhoffen sie sich durch den Test Sicherheit.

Diskussion

Viele dieser Argumente erscheinen mir fragwürdig. Das Vertrauensverhältnis zwischen Eltern und Kindern wird nicht erst in dem Augenblick gestört, wenn die Eltern das Test-Set kaufen, sondern es muss bereits vorher gestört sein. Die Eltern müssen doch bereits einen Verdacht haben. Wenn sie sich ganz sicher wären, dass ihre Kinder keine Drogen nehmen, würden sie kein Geld für das Test-Set ausgeben.

Diskussion (Fortsetzung)

Die Befürworter des Test-Sets sollten sich keine Illusionen machen, wenn sie meinen, dass sie auf diese Weise die Drogenabhängigkeit rechtzeitig erkennen können. Die Haare wachsen langsam. Ein Jugendlicher muss schon ziemlich lange Drogen genommen haben, wenn man das aus einem einzigen Haar nachweisen kann. – Es ist richtig, dass man mit Drogenabhängigen kaum ein vernünftiges Gespräch führen kann. Aber was sind die Konsequenzen, wenn der Test positiv ausfällt? Dann **müssen** die Eltern darüber sprechen. Sie müssen ihr Kind überreden, dass es die Drogenberatung aufsucht und sich behandeln lässt.

Eigene Meinung

Wiederholung des wichtigsten Arguments

Das Ergebnis meiner Überlegungen ist, dass die Test-Sets nicht verkauft werden sollten. Sie würden nur von Eltern gekauft werden, die bereits einen Verdacht haben, dass ihre Kinder Drogen nehmen. Der Verdacht sollte ausreichen, dass die Eltern im Interesse ihrer Kinder Aufklärung versuchen und Maßnahmen ergreifen.

22

a) Christoph lässt zunächst nicht erkennen, welchen Standpunkt er vertreten möchte.
Die Argumente für den Verkauf der Test-Sets vertreten zunächst nur

....

Die Argumente gegen den Verkauf vertreten zunächst

....

b) In welchem Abschnitt verdeutlicht uns Christoph seine Meinung?

....

Das geschieht zum ersten Mal in Zeile 30:

....

....

Das geschieht später in den Zeilen .... bis .... ,
.... bis ....
Seine eigene Meinung (als Ergebnis der Überlegungen) formuliert Christoph in den Zeilen .... bis ....

c) Die Meinung, die Christoph vertritt, ist nicht die einzig mögliche. Welcher alternative Standpunkt wäre denkbar?

6.3 Übungsaufgaben

23 Alle werden wir eines Tages sterben – aber niemand mag an den eigenen Tod denken, schon gar nicht als junger Mensch.

Wenn ein geliebter Mensch stirbt und die Angehörigen Schmerz und Trauer empfinden, geschieht es heutzutage, dass sie von den Ärzten gefragt werden, ob sie die Organe des Sterbenden für eine Transplantation freigeben wollen. Wie eine Organspende abläuft, veranschaulicht der „Arbeitskreis Organspende" auf den nächsten beiden Seiten.

Organisatorischer Ablauf einer Transplantation

Wenn der Patient stirbt …

Sind die intensiven Bemühungen der Ärzte das Leben eines Patienten zu erhalten, erfolglos geblieben, wird bei bestimmten Todesursachen an eine Organspende gedacht. Voraussetzung ist der eingetretene Hirntod, bei Aufrechterhaltung des Kreislaufs.

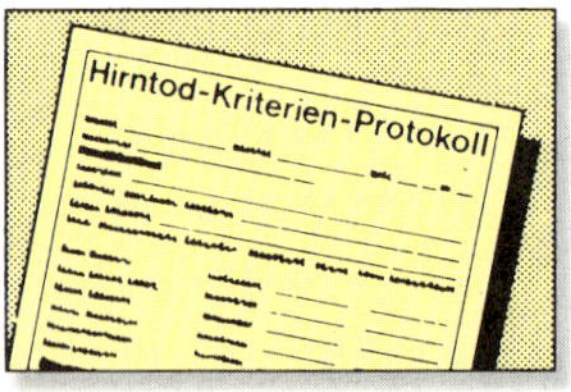

Feststellung des Hirntodes

Der Hirntod muss durch zwei erfahrene Ärzte, Intensivmediziner, die unabhängig vom Transplantationsteam arbeiten, festgestellt und dokumentiert werden.

Einwilligung der Angehörigen

Liegt kein Organspenderausweis vor, so werden die nächsten Angehörigen um Zustimmung zur Organspende gebeten. Deshalb sollte die Bereitschaft zur Organspende der Familie bekannt sein.

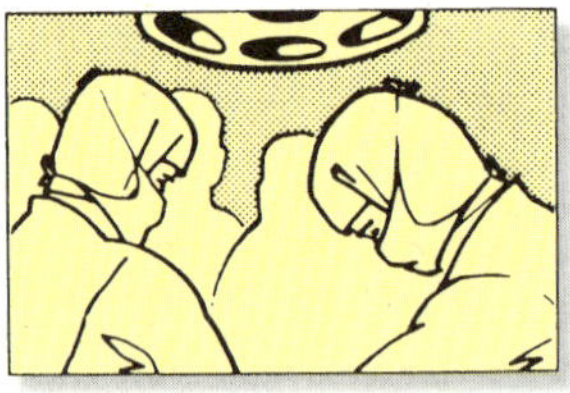

Explantation der Organe

Die Organentnahme erfolgt durch ein erfahrenes Ärzteteam. Die Organe werden bis zur Einpflanzung konserviert.

Gewebetypisierung

Gleichzeitig werden Blut- und Gewebeproben vom Verstorbenen entnommen und in einem Speziallabor auf die Blutgruppe und die gewebetypischen Merkmale untersucht.

Eurotransplant und die Ermittlung von geeigneten Transplantatempfängern
Eurotransplant ist eine von mehreren Datenzentralen für Patienten, die zur Transplantation angemeldet sind. Nach dort werden die medizinischen Daten des Spenders gemeldet und über Computer der bestgeeignete Empfänger ermittelt.

Transport der Organe
Das konservierte Organ wird schnellstmöglich per Auto oder Verkehrsflugzeug in das entsprechende Transplantationszentrum gebracht.

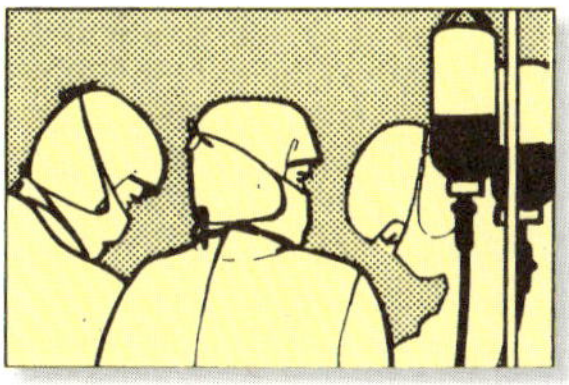

Vorbereitung des Empfängers auf die Transplantation
Der Empfänger wird schnellstens benachrichtigt, dass ein passendes Organ für die Transplantation zur Verfügung steht. Der aktuelle Gesundheitszustand des Patienten wird nochmals im Hinblick auf die Transplantation festgestellt.

Transplantation
Es folgt die Übertragung des Spenderorgans auf den chronisch kranken Menschen. Nach geglückter Transplantation beginnt das Organ seine Tätigkeit.

Ein neues Leben mit einem fremden Organ

Die Zeitschrift „Die Woche“ zitiert eine Mutter, deren fünfzehnjähriger Sohn verunglückt ist. Sein Körper wurde für die Organspende verwendet.

Margarete S.*

Mutter eines Organspenders

„Organspenden rettet Leben“ – diesem Aufruf bin ich gefolgt, als mein fünfzehnjähriger Sohn verunglückte. Sein Leben war nicht mehr zu retten, aber von meiner Entscheidung seinen Körper zu einer Organspende freizugeben hing plötzlich das Leben von anderen Kindern ab. Ich konnte den Tod von Christian nicht begreifen. Mein Ja zur Organspende war ein Nein zu weiterem Tod. Entgegen dem eigenen „Begreifen“ habe ich den Ärzten vertraut, als sie mir mitteilten, Christian sei tot, obwohl er warm war und behandelt und versorgt wurde wie ein lebender Patient.

Ich habe ihn nach der Organspende wieder gesehen. Jetzt war er kalt, ihm fehlten Augen, Herz, Leber, Milz, Nieren, sogar Knochen waren aus dem Körper gesägt. Christian war zum Ersatzteillager für andere geworden.

Die Voraussetzung für die Organspende ist der Hirntod. Er bezeichnet einen Moment im Sterbeprozess eines Menschen. Aber die Transplantationsmediziner haben ihn per Definitionem zum Tod der Person erklärt und akzeptieren stillschweigend, dass die Gesellschaft mit dem Tod der Person assoziiert: Ein Mensch ist verstorben. Weil auch ich den Medizinern das geglaubt habe, habe ich nicht verhindert, dass man Christian bei lebendigem Leib auf einen Operationstisch schnallte, ihn aufschnitt und ihn nach der Qualität seiner Organe beurteilte.

Ich fühle mich heute als Helfershelferin zum Mord, weil ich zuließ, dass man Christians lebenden Leib durch eine Organspende tötete. Deshalb fordere ich ein Spenderschutzgesetz, und kein Organbeschaffungsgesetz, wie es geplant ist.

* Name von der Redaktion geändert.

Thema:

a) Um welches Thema geht es in diesem Beitrag aus der Zeitschrift „Die Woche“?

b) Welche Meinungen und Argumente werden von Margarete S. vorgetragen?

c) Nimm dazu Stellung.**

** Einen fertigen Aufsatz zu diesem Thema findest du in den Lösungen, Seite 110–112 .

Tipp

Was verlangt die Aufgabenstellung von dir?

Aufgabe a): Du sollst das Thema nennen und den Sachverhalt klären.

Aufgabe b): Du sollst die unterschiedlichen Standpunkte der Mutter nennen und ihre Argumente zusammenstellen.

Aufgabe c): Du sollst zu den Argumenten Stellung nehmen. Welchen Argumenten kannst du zustimmen, welchen nicht? Das Ergebnis dieser Diskussion ist deine Meinungsäußerung.

Diese durch mehrere Aufgaben vorgegebene Gliederung entspricht der des Aufsatzes über den Verkauf der Drogen-Test-Sets.

Stoffsammlung

Zur Aufgabe a): Der 15-jährige Sohn von Frau S. ist verunglückt. Das Leben des Jungen ist nicht mehr zu retten, er ist hirntot. Die Ärzte verlangen von der Mutter, dass sie den Körper zur Organspende freigibt. Sie stimmt zu.

Zur Aufgabe b): Die ursprüngliche Meinung von Frau S.: Sie war **für** die Organspende.

Ihre Gründe (in der Reihenfolge, wie sie in der Zeitschrift vorkommen):

1 Die gespendeten Organe sollten das Leben anderer Kinder retten. Das Ja zur Organspende war das Nein zum Tod anderer Kinder.

2 Die Ärzte hatten ihr versichert, dass ihr Sohn nicht mehr zu retten war, dass er bereits tot war.

(Schreib die Zahlen neben die Zeilen des Textes, wo diese Gründe genannt werden.)

6 Argumente für A und B/Diskussion

Die jetzige Meinung von Frau S.: Sie ist **gegen** die Organspende.

Ihre Gründe (in der Reihenfolge, wie sie aufgezählt werden):

3 Die Mutter war entsetzt, als sie die Leiche ihres Sohnes wieder sah, nachdem die Organe entnommen worden waren.

4 Sie kann nicht mehr akzeptieren, dass „hirntot" wirklich „tot" bedeutet. Ihr Sohn war noch warm, als die Organe entnommen wurden.

5 Sie fühlt sich als „Helfershelferin zum Mord" an ihrem Sohn.

(Schreib auch hier die Zahlen neben die Zeilen des Textes, wo die Gründe genannt werden.)

Zur Aufgabe c):

- Es war von den Ärzten unverantwortlich, dass sie die Leiche des Jungen nach der Organspende der Mutter noch einmal zeigten, sodass sie sich den Körper in allen Einzelheiten ansehen konnte. Das muss auf eine Mutter schockierend wirken! **3**
- Der Grund **1** ist richtig! Frau S. sollte an die (jungen) Menschen denken, die durch die Organe ihres Sohnes weiterleben können.
- Wenn ihr Sohn erkrankt wäre, wäre sie auch für eine Organspende dankbar gewesen.
- Im Grunde wäre es gut, wenn man die Meinung des Sterbenden zur Organspende kennt (Organspenderausweis). Die Mutter ist in ihrem Schmerz mit der Entscheidung überfordert. Einfacher wäre es, wenn sie den Willen ihres Sohnes erfüllte.

Ergebnis der Diskussion: Es sprechen gute Gründe **für** die Organspende. Wer seine Organe spenden will, sollte einen Organspenderausweis bei sich haben.

24

Ein erfolgreicher Rennfahrer sein wie Michael Schumacher
Ein berühmter Sänger sein
Ein großer Fußballspieler sein
Ein
Wäre das nicht verlockend?

Werek, Gröbenzell

Thema:

a) Was versteht man unter einem Vorbild?
(Nenne noch lebende und historische Persönlichkeiten, die Vorbild sein könnten.)

b) Brauchen Jugendliche Vorbilder?

6 Argumente für A und B/Diskussion

Tipp

Hilfen für den Übungsaufsatz:

1. Mögliche Vorbilder

→ Lebende Persönlichkeiten:
- Vater, Mutter, Onkel, Tante, Lehrer ...
- Schauspieler, Sportler, Wissenschaftler, Politiker, Leute der Kirche ...

(Nenne mindestens 5 Namen.)

→ Historische Persönlichkeiten:
Franziskus, Kolumbus, Mozart ... (Nenne mindestens 3 weitere Namen.)

2. Welche Entscheidungsmöglichkeiten bietet das Thema?

- *Ja, Jugendliche brauchen Vorbilder.* ....
- ....
- ....

3. Argumente:

→ Was spricht **dafür,** dass Jugendliche Vorbilder brauchen?
- Die Interessen gehen über das Alltägliche hinaus. Jugendliche gewinnen neue, interessante Eindrücke, lesen interessante Bücher ...
- Es entsteht eine starke Leistungsmotivation, wenn man dem Vorbild nacheifert.
- ....

→ Was spricht **dagegen,** dass Jugendliche Vorbilder brauchen?
- Gefahr, dass die Leistungen des Vorbilds die eigenen Möglichkeiten übersteigen. Gefahr der Entmutigung, wenn man das erkennt.
- Gefahr der Lächerlichkeit. (Zum Beispiel: Ein Jugendlicher will in einem alten Opel Kadett so fahren wie Michael Schumacher in einem Rennwagen.)
- ....

4. Eigene Meinung:
Ein Schüler formulierte seine Meinung zu diesem Thema so:
Ein Vorbild ist nur sinnvoll, wenn es die Entfaltung der eigenen Persönlichkeit begünstigt, aber nicht, wenn es sie hemmt. Man sollte als Jugendlicher nacheinander mehrere Volbilder haben, je nach der eigenen Entwicklung.
Vielleicht ist das eine Anregung für dich? Vielleicht vertrittst du eine andere Meinung?

Gliedere deinen Übungsaufsatz so wie die beiden Aufsätze von Christoph und Nicole:
→ Klärung des Sachverhalts.
→ Argumente dafür.
→ Argumente dagegen.
→ Diskussion/Erörterung der Argumente.
→ Eigene Meinung.

25 Habt ihr das Schauspiel „Die Weber“ von Gerhart Hauptmann gelesen? Es behandelt ein sehr aktuelles Thema, obwohl es im 19. Jahrhundert spielt. Die Weber waren früher ein angesehener Berufsstand, sie verdienten gut. Nachdem jedoch die mechanischen Webstühle eingeführt worden sind, verschlechtert sich ihre Lage dramatisch. Die mechanischen Webstühle produzieren viel mehr Stoff in gleich bleibend guter Qualität. Da können die Weber mit ihren Handwebstühlen nicht mithalten.

Aufstand der Weber
von links nach rechts: Kurt Weber, Peter Weber, Claudia Weber, Maria von Weber, ...

Auch heute erleben wir Ähnliches: Hafenarbeiter werden nicht mehr gebraucht nach der Einführung von Containern. Schneider gibt es kaum noch, seitdem die Bekleidung maschinell in Großbetrieben hergestellt wird. Der Kassierer am Bankschalter hat keine Arbeit mehr, seitdem es in der Bank Computer gibt.

Kannst du noch andere Berufe nennen, die man heute kaum noch braucht? (Denke an die Landwirtschaft, das Handwerk, das Verkehrswesen, die Industrie ...)

Bei der Besprechung des Schauspiels von Gerhart Hauptmann meinte ein Schüler, dass man den Webern am besten helfen würde, wenn man sie umschult, zum Beispiel die Webermeister zu Maschinenführern an den mechanischen Webstühlen, die Hafenarbeiter zu Kranführern usw.

Thema:
Ist es zumutbar, dass man Leute mit Berufen, die technisch überholt sind, auf neue Berufe umschult?

Tipp

Stoffsammlung

1. Zum Begriff „zumutbar".
   Bei der Umschulung wird es einige Schwierigkeiten geben. Sie sind aber nicht so groß, dass der Umschüler völlig überfordert würde. Die Allgemeinheit kann erwarten, dass der Umschüler diese Schwierigkeit auf sich nimmt. Dann sind sie zumutbar.

2. Argumente für Position A: Das ist **nicht** zumutbar.
   → Ältere Leute (wie der alte Vater Baumert) sind nicht mehr fähig sich auf neue Produktionsmethoden umzustellen.
   → Ein Weber**meister** mag sich während der Umschulung nicht wie ein Lehrling behandeln lassen. Das würde seinen Stolz verletzen.

→ Während der Umschulung verdient der Weber kein Geld und kann sich und seine Familie nicht ernähren.
→ Die Weber und ihre Produkte könnte man mit staatlichen Geldern subventionieren. Das wäre das Bequemste für die Weber.
■ ....

....

3. Argumente für Position B: Das ist **durchaus** zumutbar.
→ Ein Webermeister wäre geistig und körperlich nicht überfordert, wenn man ihn zum Maschinenführer umschult.
→ Die Tätigkeit als Maschinenführer ist für den Webermeister kein sozialer Abstieg.
→ Er würde als Maschinenführer wieder ein gutes Einkommen haben.
→ Ein tüchtiger Meister sollte sowieso nicht nur seine tägliche Arbeit verrichten, sondern sich weiterbilden und neue Entwicklungen frühzeitig erkennen.
■ ....

....

4. Gedanke für den Schluss des Aufsatzes:
Im letzten Akt des Schauspiels stürmen die Weber die Häuser der Fabrikanten und zerstören die mechanischen Webstühle.
Hältst du das für eine gute oder für eine schlechte Lösung?

Du könntest den Übungsaufsatz so anfangen:

In seinem Schauspiel beschreibt Gerhart Hauptmann das traurige Schicksal der Weber in Schlesien. Die meisten von ihnen arbeiten fleißig, sie verdienen aber nur wenig Geld und leben in äußerster Armut. Der Grund ist, dass die technische Entwicklung fortgeschritten ist. Die neuen mechanischen Webstühle arbeiten viel schneller und bringen eine gleich bleibend gute Qualität. Da können die Weber mit ihrer Handarbeit nicht mithalten. – Die Lebensumstände würden sich verbessern, wenn man die Webermeister zu Maschinenführern an den mechanischen Webstühlen umschulte. Wäre diese Umschulung zumutbar?

6.4 Lösungen

a) Die Argumente für den Verkauf der Test-Sets vertreten zunächst nur **manche Eltern.**
Die Argumente gegen den Verkauf vertreten zunächst **Drogenberater und Pädagogen.**

b) Christoph verdeutlicht seine Meinung im Abschnitt **Diskussion.** Das geschieht zum ersten Mal in Zeile 30:
22 **Viele dieser Argumente erscheinen mir fragwürdig.**
Das geschieht später in den Zeilen 41 bis 42 **(Die Befürworter des Test-Sets sollten sich keine Illusionen machen ...)** und 49 **(Es ist richtig ...).**
Seine eigene Meinung formuliert Christoph in den Zeilen 58 bis 60. **(Das Ergebnis meiner Überlegungen ist, dass die Test-Sets nicht verkauft werden sollten.)**

Organtransplantation

Klärung des Sachverhalts

Das Thema dieses Beitrages aus der „Woche", Organtransplantation, wird an einem Beispiel behandelt: Christian, der fünfzehnjährige Sohn von Margarete S., ist verunglückt. Als der Junge „hirntot" ist, wird die Mutter gefragt, ob sie den Körper für eine Organspen-
23 de freigeben will.

Gründe für die Organspende

Sie hat zugestimmt, denn ursprünglich war sie der Meinung, dass es richtig ist, wenn mit den Organen ihres Sohnes das Leben todkranker Kinder gerettet wird. Sie sagte „Ja" zur Organspende. Ihr Ja war gleichzeitig ein Nein zum Tod anderer Menschen. Die Ärzte hatten ihr versichert, dass ihr Sohn nicht mehr zu retten war. Er sei bereits tot, hirntot, obwohl sein Körper warm war. Maschinen hielten den Kreislauf noch aufrecht.

Gründe gegen die Organspende

Frau S. hat ihre Meinung völlig geändert, als sie die Leiche ihres Sohnes später wieder sah. Zu ihrem Entsetzen fehlten die Augen, verschiedene Organe, „sogar Knochen waren aus dem Körper gesägt" worden. Dieser Anblick hat sie schockiert! Sie macht sich die schlimmsten Vorwürfe. Sie bezweifelt jetzt, dass „hirntot" gleichzusetzen ist mit „wirklich tot". Der Körper lebte ja noch und war warm. Mit ihrer Zustimmung zur Organentnahme fühlt sie sich als „Helfershelferin zum Mord" an ihrem Sohn.

Diskussion/ Stellungnahme

Ich kann gut nachempfinden, dass Frau S. entsetzt war, als sie die verstümmelte Leiche ihres Sohnes in allen Einzelheiten noch einmal sehen konnte. Es war von den Ärzten unverantwortlich und unmenschlich, dass sie die Leiche der Mutter zeigten. Man hätte die Leiche aufbahren müssen, die Augen verbinden und den Körper schließen müssen. Das Gesicht ihres Sohnes mit den fehlenden Augen wird Frau S. bis in die Träume verfolgen.

Fortsetzung der Stellungnahme

Aus diesem Schock ist zu erklären, dass sie sich plötzlich als „Helfershelferin zum Mord" an ihrem Sohn fühlt, ein völlig abwegiger Gedanke! Bei ruhigem Nachdenken ist das Ja zur Organspende nichts anderes als ein Nein zum Tod weiterer schwer kranker Menschen. Frau S. sollte an die Kranken denken, die die Organe ihres Sohnes eingepflanzt bekamen. Sie sollte sich freuen, dass kranke Kinder gesund werden und weiterleben können. Wenn ihr Sohn durch eine Organspende zu retten gewesen wäre, wäre sie dem Organspender von Herzen dankbar gewesen.

Fortsetzung der Stellungnahme

Wenn man sich die schreckliche Situation dieser Mutter vor Augen führt, kann man feststellen, dass sie im Augenblick ihres Schmerzes mit dieser Entscheidung völlig überfordert war. Viel besser wäre es, wenn man die Meinung des Sterbenden zur Organentnahme kennt, wenn er z.B. zu Lebzeiten einen Organspenderpass ausgefüllt hätte. Dann könnten sich die Hinterbliebenen nach dem Willen des Sterbenden richten und brauchten nicht selbst schwer wiegende Entscheidungen zu treffen, die sie seelisch belasten.

Eigene Meinung

Ich bin also grundsätzlich **für** die Organtransplantation. Die Entscheidung, ob sie wirklich durchgeführt wird, sollte jeder selbst zu Lebzeiten treffen und sie nicht den Hinterbliebenen überlassen.